U0072186

# 自信的勇氣

沈依潔——編著

# 自信的勇氣

## 目錄

### 1. 放下過去，輕鬆面對挫折

對於一些人而言，過去的失敗和挫折猶如千斤大石，壓在他們的心裡，始終無法釋然。背著這些沉重的負擔，前進的速度就慢了下來。每一個人都有自己的過去，即使那些成功者也是從山腳下一步一步走來的，如果他們把那些曾絆倒他們的石頭統統帶在身上，恐怕早就累死在半山腰上了。所以，過去的就讓它過去吧，它們不過是一種記憶罷了，輕鬆地面對它們，才能輕裝上路。

## 2. 改變心態，心情決定事情

好心態才能有好的命運。很多時候人的成功和失敗並不是由客觀因素決定的，而是和當事人的主觀心態息息相關。研究表明：在愉快、積極的心境下做事比在壓抑的、痛苦的心情下更容易成功。所以收拾一下你的心情，或許有意外的收穫。

C·O·N·T·E·N·T·S

目錄

## 3. 肯定自己，世界因你精彩

我們的人生是自己走出來的，誰也沒有權利剝奪我們個人的價值和快樂。珍惜自己，就要每一天都活出精彩，不要讓自己隱藏在別人的陰影中。人生可以學習，但是人生不可以複製，我們誰也不是誰的替代品。選擇快樂的生活，活出自己的特色，讓每一天都活得充實而有價值。

# 4. 面對非議，生氣不如爭氣

社會是一個整體，人作為這個整體中的一員，就必然要與他人打交道，在與人打交道的時候，應該學會忍受他人的懷疑、嘲笑、誹謗、侮辱、妒忌，還要耐得住寂寞。只有懂得忍耐的人，才可以厚積薄發，快樂地生活一輩子。

C·O·N·T·E·N·T·S

# 目錄

## 5. 快樂與否，一切取決於你

生活得快不快樂，在於你的選擇。不同的人有不同的人生態度，有的人積極樂觀，即使是平凡的生活也能過得有聲有色；而悲觀的人，總看不到生活的精采處，過得單調乏味。要選擇快樂，就要懂得隨著環境去改變自己的處世方法；要學會讚美世界，讚美他人；還要學會給自己希望，保持希望是能讓人快樂的美好態度；即使在困境中也要把苦難當成是寶貴的財富，苦中作樂，相信自己一定可以苦盡甘來。

# 1

## 放下過去，輕鬆面對挫折

對於一些人而言，過去的失敗和挫折猶如千斤大石，壓在他們的心裡，始終無法釋然。背著這些沉重的負擔，前進的速度就慢了下來。每一個人都有自己的過去，即使那些成功者也是從山腳下一步一步走來的，如果他們把那些曾絆倒他們的石頭統統帶在身上，恐怕早就累死在半山腰上了。所以，過去的就讓它過去吧，它們不過是一種記憶罷了，輕鬆地面對它們，才能輕裝上路。

# 不為昨天流淚

人生由三天組成，昨天、今天和明天。如果你在忙碌的今天為了昨天的失敗而哭泣，那麼你的今天就只剩下了淚水，試問，你的明天又該將何去何從？

對於很多人來說，對過去都無法釋然。站在時間的長河中，如果不把注意力放在美好的今天和明天，而總是沉浸於往事中，是極不明智的做法。昨天依然和我們有關，但是希望是不可能從昨天產生的，生活的奇蹟永遠是在今天的主題。每天的太陽都是新的，不要對昨天念念不忘，無論昨天是輝煌還是黑暗，都已經成為歷史。作為已經翻過去的一頁，我們何必要花費精力去自責悔恨呢？把握好今天，為了明天而準備，而不是為了昨天而哭泣。

人生在世，不可能永遠風平浪靜。在現實的大海中航行，如果因為昨天的風暴，而放棄今天的航線，恐怕那些人生的新大陸永遠也不會被發現。成功人士亦是如此，翻閱那些偉人的傳奇史，幾乎每個成長階段都有一些傷口。愛迪生做過無數次實驗才找到一種燈絲材料，國父歷經十次革命才成功，在這些曲折的道路上，他們都為昨天動搖了嗎？沒有。所以不要輕易地放棄，不要讓自己陷入過去的沼澤。或許昨日誠可貴，但是今日價更高。

一位得道的高僧休息前吩咐他的小弟子去給佛祖點上香火，這個笨手笨腳的小和尚不小心把香爐打翻了，香灰灑了一地，剛剛點好的香火也斷了，整個祭堂差點燒起來。小和尚知道自己闖了大禍，偷偷地躲了起來。第二日，高僧找不到小和尚，便親自來到祭堂探究原因，得知了事情真相後，他一開始有些生氣，但是很快就平息了下來。他派人去把躲藏起來的小和尚叫來，小和尚因為害怕，哭了一夜，眼睛腫腫的，心想這次肯定被重罰。高僧看了看小和尚，說：「你耽誤了今天的晨課，知道嗎？」小和尚抬起頭，很不解地望向高僧，然後低頭主動認錯：「師父，我錯了。昨晚我打翻了香爐，你不生氣嗎？為何不責罰我，反而僅是怪我耽誤了晨課呢？」高僧語重心長地說：「昨天你犯的錯誤，我是很生氣，可是事情已經過去了，再來追究責任已無益處。昨天香灰已灑，香火已斷，已是無法挽回的事情了，唯一可以做的便是今天馬上換上新的香灰，重新點上香火，再把今日的晨課補回來。如果因為昨天的失誤，把今天的光陰也賠進去的話，那才是不可饒恕的。你明白了嗎？」小和尚恍然大悟。

或許我們每一個人都曾經歷過這個小和尚的角色，我們為了昨天的失誤而哭泣，甚至放棄了今日應該做的主題，明日再為今日的放棄而哭泣，日日相似，人生就這樣漸漸失去了它的意義。當昨天的事情我們已經無力改變，那麼就應該勇敢地去面對它，把握好今天才是最有價值的行為。

在通往成功的道路上，或許荊棘叢生，或許障礙重重，可是這一切都是可以戰勝的，關鍵是你是否具備了戰勝它們的決心。昨天的荊棘叢林已經走過，即使傷痕纍纍，也不能代表我們無法跨越這條路。勇敢地走下去，傷在昨天，勇於今天，那麼成功就在明天。

人的一生要經歷過無數的風雨，無數的崎嶇不平。看看我們小時候是如何學會走路的，一邊學走，一邊摔倒，卻沒有因為摔倒了，就長哭不起，就拒絕走路。相反，小時候時的勇氣是巨大的，無論摔得多痛，哭一會兒後還是要走的，甚至第二天就把昨天摔跤的事情忘記了，或許這就是人堅強的本性。長大之後，這種本性依然是存在的，我們不能讓軟弱把它掩埋，要如同一個幼兒學路那般勇敢。昨天的創傷已經結疤，不要再把精力放在它身上了。不要為昨天的失敗而流淚，但是要從昨天中吸取教訓，避免今天成為下個失敗的昨天。

# 羞辱成就強者

提起羞辱，是每個人都不想遇到的，但是看看那些成大事的人，卻往往都是從屈辱中走過來的。這裡並不是在宣揚羞辱的經歷是一個人成功的元素，真正要說的是，如果你不幸遭遇到羞辱的事情，不要覺得難堪，不要覺得抬不起頭，事實上，要樂觀地面對人生：羞辱可以鍛鍊韌性，可以成就強者。

忍辱負重，從而完成《史記》的司馬遷就是一個值得後人敬重的英雄。

司馬遷的父親在臨死之前囑咐其子一定要替他完成這項使命。不過當司馬遷全心撰寫《史記》之時，卻遭受了巨大的磨難。

天漢二年，武帝派李陵隨從李廣押運輜重。結果李廣遇難，李陵被俘。消息傳到長安後，武帝聽說自己的戰將投降，非常生氣。滿朝文武都順從武帝的想法，紛紛指責李陵的罪過。而司馬遷直言進諫，說李陵寡不敵眾，沒有救兵，責任不全在李陵身上，極力為其辯護。然而他的直言不諱，卻使得武帝龍顏大怒。司馬遷因此被打入大牢。

司馬遷被關進監獄後，遭受酷吏的嚴刑拷打。面對各種肉體和精神上的殘酷折磨，他始終不屈服也不認罪。後來司馬遷被判以腐刑。當時，這種腐刑既殘酷地摧殘人體和精神，也極大地侮辱人格。

當時的司馬遷甚至被折磨到想一死了之，不過後來他想到父親遺留給他的使命，想到了孔子、左丘明、孫臏等人，他們所受的屈辱，他們頑強的毅力，還有他們在歷史上所留下的成績都大大鼓舞了司馬遷。他立誓無論發生

什麼樣的屈辱，也要把《史記》完成。

征和二年，司馬遷終於完成了基本的編撰工作。這期間的數年，他忍受著身體和精神上的巨大折磨，但這些都沒有把他打倒。他用他的生命譜寫的不僅僅是一本曠世的歷史著作，更是人類史上一本永存的生命頌歌。

人遭受了屈辱後，一般都會有兩種選擇：有的人承受不起這樣的折磨，從此悲觀厭世、意志消沉，最終身體的屈辱導致了精神的委靡，從此一蹶不振；有的人即使身體遭受了巨大的折磨，但是內心的火花不熄，他們有著頑強的意志和鬥爭力，終於贏得了人生的榮耀。

正確地看待屈辱，把它當成一種刺激人向前的動力，能做到這點的人才是真正的智者。生活中不斷地會有大大小小的委屈發生著，關鍵是看你處理它們的態度。如果你因為老闆一句羞辱你的話而辭職不幹，那麼你就永遠沒有機會向他展示你強大的一面。記住這些屈辱，但是不要被它纏住。有人因為屈辱而自暴自棄，有人因為屈辱而奮發圖強，這就是真正的弱者和強者的差別。

悲觀者把屈辱當成打擊，樂觀者把屈辱當成激勵，兩者不同的人生態度導致了完全不同的人生結局。嘗試著對那些屈辱笑一笑吧，把它們帶來的鬱悶轉化成強大的動力，把它們轉化成刺激我們前進的馬達。或許正是這些屈辱，讓我們更早知道自己的不足之處。人生的路上如果總是鮮花和掌聲，反而會蒙蔽我們的心靈，遮住我們的眼睛。感謝那些適時飛來的雞蛋吧，或許正是它們才能把我們及時砸醒。

# 微笑面對逆境

人生大抵有兩種境況：順境和逆境。每個人或許都能微笑地面對順境，但是能夠做到微笑面對逆境的卻少之又少。你或許會說：什麼？要對困難微笑？這可能嗎？困難如蛇蠍毒蟲般恐怖，我哭恐怕都來不及呢。然而，越是有大成就、大作為的人，反而越是會坦然地面對困境。他們的經歷告訴他們，磨難和困境才是幫助他們成功的動力。

巴爾扎克曾經這樣說道：困境是珍貴的賜予，它是天才的晉身之階、信徒的洗禮之水、能人的無價之寶，同時也是弱者的無底之淵。困境以其可怕的面貌出現，可是當你勇於前進，勇於探索，揭開它的真面目以後，你會發現美好的風景原來藏在其中。

生活是一面鏡子，你向它微笑，它也向你微笑；你對著它發怒，把它擊碎，那麼你也只會看到那個支離破碎的自己。而困境恰恰又是生活的一種形式，所以你也應面對困境微笑，這個微笑不是沒有意義的傻笑，而是對自己的一種鼓勵、一種自信。只有敢於面對生活，敢於面對困境，才是命運的掌控者。

困境是上天賜予的禮物，你只有微笑著去接受它，打開它，弄清楚它，你或許才能真正享受到上天的恩賜。很多人在遇到困難的時候，只會垂頭喪氣，以至於使自己深陷其中不能自拔。困境才是篩選人才的漏斗，勇敢地接受它，克服它，你或許才能避免被篩掉的危險。看那些成功的人，哪一個不是擁有著強大的靈魂，勇於對生活微笑的人？

美國黑人億萬富翁約翰遜有句名言：「遇到障礙我會詛咒，然後搬個梯子爬過去。」是的，人生中不可能沒有挫折，沒有阻礙，關鍵是你如何對待挫折、對待阻礙。「搬個梯子爬過去」，你就可能成功；沒完沒了地抱怨、詛咒，就只能被擋在成功群體之外。抱怨別人，到頭來失去機遇的責任全在自己。人有多大的胸懷，就有多大的事業。《聖經》上說：「你要別人怎樣待你，你就該怎樣對待別人。」與其在抱怨中失去機會，不如在改造自己中練就一身本領。

面對困境，停止抱怨，彷彿打開一扇門，讓眼界、胸懷和性靈都被開啟。面對挫折、壓力和磨難，不要怨天尤人，也不要自憐自艾，以開放的心坦然接受，因為艱苦的生活鍛造人們堅忍不拔的性格。面對誤解、詆毀和攻擊，不要義憤填膺，也不要委靡不振，以悲憫世人的情操欣然笑納，因為惡劣的環境磨煉人們鋼鐵般的意志。有許多避不開的天災人禍，我們無法控制它的發生，更無法對抗和改變哪一場風雨，但我們完全有能力選擇應對這些困難的方式，即便小有損失，也能從中學到許多有益的東西。

君不見，蘇東坡一生命途多舛，遭貶被謫，卻能夠樂觀向上，無私無畏，「但把窮愁博長健，不辭最後飲屠蘇」；君不見，海倫凱勒在無光、無聲、無語的漫長歲月裡，自強不息，健康生活，以其勇敢的方式給人類帶來光明，震撼了世界；君不見，霍金以其殘缺之身締造了一個又一個的奇蹟……他們都是在經歷了常人所無法忍受的痛苦後，而成就了他們的輝煌，如果他們如常人一樣只是不斷地抱怨，不懂得微笑面對人生挫折，他們不可能有足夠的毅力去從事他們的工作，同樣他們也就不可能塑造他們的成功。

其實辯證地看人生，握緊拳頭什麼都沒有，張開手就是全部。人生不是苦旅，別把境況看得那麼差，其實每天的生活都不是你想像的那樣索然無味，萬事如意只是美好的願望，真正實現者又有幾人？生活原本由幸福與痛苦串綴而成，痛苦本身就是對生命的提醒和保護。

席慕蓉的《禪意》說：「生命原是要不斷地受傷和不斷地復原，世界仍然是一個，在溫柔地等待著我成熟的果園。當我們認真理順曾經的苦澀、不幸與失落時，會發現每一次傷害都促進了成長、每一次挑戰都警醒了自知、每一次遺棄都教會了獨立、每一次跌倒都強化了雙腿。許多我們傾盡心力都無法得到的東西恰恰存在於失敗和痛苦之中，看似千迴百轉蜿蜒曲折，徜徉其間，也能擷取讓自己快樂的因素。」

# 幽默調節身心

現代社會中，每個人的生存壓力都很大。有著名的社會關懷團體調查後表示，很多人由於過著過於壓抑的社會生活，身體都處於不健康的狀態。靜下心來問一下自己，已經多久沒有開心地笑過了，這點或許你連自己都不清楚了。這樣的生活是不健康的，積極向上的生活是需要幽默和笑聲來點綴的。

幽默是最有效的精神按摩方式，如果一個人常處於頹廢、沮喪、愁悶的精神狀態下，那麼一些疾病纏身的機率一定要比那些幽默、開朗、愉悅的人大得多。所以對於生活壓力很大的現代人來說，學會幽默面對人生，無疑是個調節身心的絕佳妙方。

俗話說：「一個小丑進城，勝過一打醫生。」此話固然有誇張的一面，但從養生的角度而言，這則是人們對幽默感有益於身心健康的高度評價和總結。

英國著名化學家法拉第，晚年時經常頭痛，曾四處尋醫，遍求良方，只是仍舊無濟於事。後來遇到一個老醫生，詳盡詢問他的病史後，發現法拉第整日忙於工作研究、閱讀，幾乎沒有休閒時間，精神總是處於極度緊張的狀況，於是他開了一張處方，上面寫了這樣一句話：「一個小丑進城，勝過一打醫生。」聰明的法拉第馬上從這句諺語中得到了啟發，於是經常進劇院看喜劇。小丑們的精彩表演和幽默獨白，每每使法拉第笑得前仰後合。笑過之後，精神為之一振，全身極為放鬆。不久之後，他的頭痛病竟不藥而癒了。

現代心理學家認為幽默不但能調節和保持心理健康，還可起到延年益壽的抗衰老作用。這是因為，幽默能使緊張的心理放鬆，釋放被壓抑的情緒，擺脫窘困的場面，和緩氣氛，減輕焦慮和憂愁，避免過強的精神刺激和心理活動的干擾，從而起到心理保健作用。因此，經常保持幽默的心境，富有幽默感，是一種心理防禦機制。人們常說：「笑一笑，十年少。」就是因為幽默能使人發笑，能調節內分泌系統功能，使人體的體液循環、新陳代謝發生變化，能誘發神經系統的興奮性，以至有益於抗病及抗衰老。據說美國某些研究機構已經推行幽默療法，幽默可以使許多患者全身肌肉得到鬆弛，解除煩惱、內疚、抑鬱的心理狀態，從而更有利於疾病的治療。

在人生道路上，令人鬱悶的事情常會發生。倘若能夠有一顆聰慧的、幽默的心，便可以化鬱悶為動力，方能擁有一個快樂的人生。幽默不是成功者的專利，事實上它可以表現為一種自嘲，一種調侃，或是一種風趣詼諧的生活態度，它不僅僅對我們自身的心情有益，同時也影響了我們周圍的人。

幽默的語言人人愛聽，有利於交往，有時還能幫助人解決一些麻煩事。

在親友交際，尤其是在政治交往中，幽默的語言已成為不可少的了。

有位年輕人好不容易才存夠了錢，買了輛期待已久的新摩托車，馬上興高采烈的騎著上街。他吹著口哨騎著嶄新的摩托車逛街兜風，真是好不愜意。開心地騎了一陣子後，他覺得有點口渴，於是將摩托車靠邊，停在一家便利商店前，進去店裡買罐飲料解渴，正當他在結帳時，店外突然間「轟」地一聲巨響！把店內的人都嚇了一大跳，大家馬上奪門而出看看發生了什麼事情：原來是一輛轎車疑似煞車不及，迎頭撞上了年輕人停在路邊的摩托車，全新的摩托車被撞倒在地上，扭曲變形，零件散落一地，眼看是毀了！不幸中的大幸是，沒有任何人因此受傷，連肇事的轎車駕駛也毫髮無傷地下了車，站在一旁看著一時疏忽造成的慘況，懊悔不已。這時因為這場意外發出的巨響，吸引了附近的居民跟路人，大家都聚集過來圍著關心情況。只見年輕人低著頭蹲在地上，對著自己新買的摩托車（現在應該是一團廢鐵）東看看，西看看，一臉無奈；而駕駛轎車的肇事者也滿臉愧疚地站在一旁，等著年輕人大發雷霆、破口大罵。突然間年輕人站直了身子，大笑了起來，摸摸自己的頭對著肇事者說：「我很早就羨慕別人有摩托車可以騎，於是許願說要是有一天能有輛摩托車就好了。現在我真的有了一輛摩托車，而且真的只有一天！」周圍的人也都笑了，連肇事者也忍不住為這個年輕人的胸懷豎起了大拇指，沒等年輕人張口，他便主動掏出了全部賠償費。

有智慧的人都是懂得幽默的。對於這個年輕人而言，車被撞壞已成事實，即使開口大罵也無法挽回，不如以這樣一種幽默，既讓自己不那麼難受的態度，又能輕鬆地贏得賠償。事實上，幽默並不神祕，每個普通人都可以做到。只要我們要擦亮我們的眼睛，認真體會我們的生活，幽默就在我們生活的點點滴滴中。

幽默代表著一種高尚的生活態度，優雅的生活觀念。作為一個幽默的人，他不但可以自我消遣，從而排除生活中的各種鬱悶、壓抑的情緒，而且還能把這種快樂傳染給身邊的人，從而建立起一種和諧的、健康的生活環境，這無非都是有利於人類健康生存的重要因素。

但是如果你覺得自己沒有幽默感，那又該怎麼做呢？幽默感是可以培養的。幽默來自於樂觀的生活態度和積極的心理狀態，一個有幽默感的人必定是一個心理健康的人，他懂得如何以幽默來保持樂觀，來打破僵局，來解除敵意，化解尷尬。具備良好的心態之後，接下來要做的就是在日常生活中有意識地加強幽默訓練。譬如對周圍接觸到的人，只要你和他熟絡了，除工作之外，可以常常說些有趣的話，多讀一些中外幽默小品、名人的趣聞逸事、歇後語等書籍；遇事的時候心胸放寬大一點，想像假如讓一個富有幽默感的人處在此時自己的位置上，他將怎麼辦；此外，平時可試著調動起自己所看到的、聽到的、讀到的一切資訊，或取其一點，或相反相成，或望文生義……加以聯繫、比較、發展，說不定就是一語驚人的「幽默」呢！當然，這門藝術只有經過長期的學習和實踐才能獲得，所以從現在起就開始培養你的幽默感吧，讓生活多一點幽默，多一些愜意，更多一分快樂和健康。

# 相信明天更美好

無論過去發生了哪些故事，都已經成為歷史的前頁。我們應該以一顆坦然的心去回憶那些輝煌或者挫敗，把更多的心思和希望放在未來才是智者的選擇。相信明天會更好，就不要計較過去的得失和痛苦，放下過去，才能輕鬆地走在通往明天的路上。

相信明天更美好就是一種積極的人生態度，有夢想才會有奇蹟。夢想是現實之舟，放棄了夢想，就是放棄憧憬美好的未來。堅持未來是美好的，才能更有力量、更有動力堅持走下去。

未來是美好的，充滿希望的。如果你從過去的挫敗中走不出來，甚至覺得明天也是無望的，那麼你的生命就談不上有任何價值了。試問，一個放棄未來的人，還有可能成功嗎？即使你仍處於失敗的痛苦中，但不要忘記你還有明天的希望，只要你還有明天，那麼你便還有機會。人不能輕言放棄，夢想總是不可能輕易達到，有時候需要歷經千種磨難方能成為現實。無數成功者以他們自身的例子告誡我們，要對未來充滿信心，相信明天會更好，即使今天路上充滿了荊棘和溝壑，也無法阻擋強者的腳步。

如果你今天依然活在昨天的陰影中，那麼請轉過身來望向陽光，把陰影甩在身後。有陽光的地方就會有陰影，如果你因為這些陰影而忘記陽光的存在，那就太愚蠢了。今天的失敗是明天成功的母親，愛迪生的無數次實驗就是最好的例子。

如果愛迪生沒有那樣自信的堅持，恐怕世界的光明不知道又要往後拖延多少年。今天的坎坷不代表明天的路是否平坦，所以要做到瀟灑地放下過去，愉快地迎接美好的未來。

只要你還有明天，那麼你就還有機會，請記住不要輕易放棄，美好的明天總是有奇蹟發生，要忘記昨天，善待今天，堅信明天！

# 吃虧帶來好運

一直以來就有這樣的說法：破財消災，吃虧是福。事實也是如此，在人生的路上，如果我們能夠以博大的胸懷，忍受一些「吃虧」，或許意外的好運就在眼前。退一步海闊天空，吃點虧或許會帶來好運。凡成就大事業者，無一不具備灑脫的情懷，或許正是由於他們這種英雄般的人生態度，才會讓他們的「好運」連連。

從表面上看，吃虧確實是一種損失，不過有失必有得，有時候你的「小失」卻為你換來了「大得」。

一個年輕人大學剛畢業就進入某上市公司的銷售部，負責產品推廣。他擁有一流的口才，更可貴的是他的工作態度和吃苦精神。那時公司正在著手於開發新產品的銷售管道，新舊產品同時都趕著銷售，每位員工都很忙，但經理並沒有增加人手的打算，於是負責舊產品銷售的人員總是被派去新產品銷售團隊幫忙。不過整個銷售部只有那個年輕人欣然地接受老闆的指派，其他人都是去一兩次就抗議了，覺得跨越了自己負責的範圍。那些自認為有社會經驗的老將們有意無意地嘲笑這個年輕人傻，他聽了以後則不以為然：「吃虧就是佔便宜嘛！」

老員工們很奇怪，他有什麼便宜可佔呢?總是看到他跟個苦力一樣四處奔波，為新產品貼廣告，發傳單，心裡暗想這真是一個傻子。後來他又常去基層生產部，參與現場的生產，只要哪兒缺人手，他都樂意去幫忙。

兩年過後，正是這位被嘲笑的傻子，積累了很多經驗以後，自己成立了一家設備銷售公司，雖然規模不大，但是前景很樂觀。原來這是他以前在公司任勞任怨的時候，把公司銷售的基本流程都看透了，這樣說來，他真的是佔了大便宜啊！現在，他仍然抱著這樣的態度做事，對下屬、對客戶、對合作者，他都以吃虧來換取合作者和客戶的信任，換來下屬員工的一致擁護。這樣高尚的修養使他在年輕一輩中，脫穎而出。

坦然地面對吃虧，並把它當做是一把成功的鑰匙。有時候一點點額外的付出，既贏得了他人的感激，也換來他人的信任，何樂而不為呢？可見，吃虧不再是普通意義上的利益損失，更多時是表現為一種氣度，一種給予。這種面對利益得失的淡泊，能夠審度時勢的氣魄才是大將的風範。

管鮑之交的故事我們早有所聞：旁人都說管仲在占鮑叔牙便宜，但是鮑叔牙卻處處為管仲說話，並且推薦管仲做宰相。鮑叔牙不計得失，才交到一位人生摯友，也為國家尋覓到一位將相之才。史書上寫道：當年大禹治水，三過家門而不入，犧牲了個人的家庭利益，而為民謀福，終得大眾之心，將其擁護為帝。

所以懂得付出，不在乎吃虧的人反而能夠得到更多的補償，而那些處處耍小聰明，錙銖必較，只想得到不願付出的人，必定是平庸之輩。今天吃點虧，或許就能在明天換來一些擁護和幫助。人生在世，要把眼光放長遠。如果總是計較眼前的利益得失，恐怕好運也不會來光顧你。

# 想贏就不要怕輸

勝敗乃兵家常事。在人生的征途上，從起點到終點，迎接我們的既有鮮花和陽光，也有荊棘和陰霾，如果我們因為害怕挫折、害怕失敗而放棄嘗試，那麼永遠也不可能成功。失敗如同新鮮空氣中夾雜的沙子，如果你因為害怕沙子而關掉窗戶，那麼你永遠也得不到新鮮空氣。想贏就不要怕輸，輸並不可恥，相反地倘若能正確地看待失敗，並從中總結出經驗和教訓，才能離成功更進一步。

亞伯拉罕林肯是美國第十六任總統，也是世界歷史中最偉大的人物之一。他的一生是不平凡的一生，從他的人生經歷中我們可以深刻地體會到他的人生格言：要想成功就不要怕失敗。

一八〇九年二月十二日，林肯出生在肯塔基州哈丁縣一個清貧的農民家庭中，為了謀生，年輕的林肯走上了從商的道路，不料二十二歲那年，他生意失敗，損失慘重。於是一八三二年，林肯應徵入伍，退伍後，當地居民推選熱心公務活動的林肯為州議員候選人，但是他的初次競選沒有成功。於是他再次從商，可惜的是由於投資失敗，他的生意再次以失敗告終。不過這些都沒有讓年輕的林肯心灰意冷，他利用閒暇時間大量閱讀歷史和文學書籍，希望透過自我提升而能有機會再次競選州議員，皇天不負苦心人，由於他對公眾事業的熱心，以及他精彩的政治演說，終於在一八三四年被選為州議員。

然而就在他的事業剛剛有所起色時，他的情人去世，帶給他巨大的傷痛。

林肯在二十七歲那年精神崩潰，不得不在家休養。二十九歲那年，林肯參加州議長競選，由於準備不充分等原因，競選失敗。三十四歲那年，林肯參加國會議員的競選，依然以失敗告終。事隔三年，林肯再次參加國會議員競選，三年前的失敗給了他準備方向和競選的經驗，這一次他成功了。然而，在連任國會議員的大選中，林肯又慘遭失敗。

共和黨成立以後，林肯加入並在一八五六年參加了共和黨的副總統候選人競選，他堅持奴隸制應該廢除，但必須透過和平的方式來廢除。他的這次競選雖然沒有成功，但大大地擴充了自己的政治影響力，為他將來的政治前途立下堅實的基礎。經過數年坎坷的探索，一八六〇年林肯成為共和黨的總統候選人，同年十一月，選舉揭曉，林肯以二百萬票當選為美國第十六任總統。遙想他之前的政治生涯，歷經多少次失敗，才有了今天的成功。可以這麼說，是一種神祕的力量將林肯從小木屋推向了白宮，而這種神祕的力量就是不服輸的精神。

馬克思曾高度地評價過林肯，說他是一個「不會被困難所嚇倒，不會被失敗所挫敗，不會被成功所迷惑」的人。他不屈不撓地邁向自己的偉大目標，而從不輕舉妄動，他穩步向前，而從不倒退。

對於我們普通人也是如此，我們不應該害怕失敗，失敗並不代表你不行，而是在你成功的道路上對你的鍛鍊。有哪一口寶劍不是經過千錘百煉才出爐的呢？人的一生，不是隨隨便便就能成功，誰不是經歷了風雨才見到彩虹的？事業的失敗，婚姻的失敗，學業的失敗都算不了什麼，這些或許都是為了你人生的成功而不得不經歷的鍛鍊。記住：在哪兒輸了，就要在哪兒爬起來，繼續前進。如果害怕失敗而駐足，那麼永遠也看不到美好的終點。

失敗並不可怕，可怕的是失敗之後的一蹶不振。誰也不會盼望失敗，畢竟那是一件痛苦沮喪的事情，只是無法避免所以我們只能勇敢接受。沉湎於過去的失敗根本解決不了任何問題。如果林肯因為以前競選失敗從此不再涉足政治，恐怕美國歷史上就缺少了一個如此優秀的總統，甚至連美國的歷史也將重新譜寫。所以失敗並不是沒有一點好處的，起碼從失敗中我們可以汲取經驗，從失敗中我們可以改正缺點。失敗是通往成功的天梯，雖然這些天梯難走又總是使我們傷痕累累，可是我們別無選擇。要想成功，就必須承受得起失敗的打擊，失敗是成功的前言，你需要有勇氣把它讀完，相信美麗的內容很快就能入你的眼中。

# 看淡生活的不平

生活中常有不公平的事情出現，你努力了、付出了卻沒有得到回報的事情也不僅只出現在你的身上。人生這種事，很難做到公平，有些人生下來或許就含著金湯匙，有些人或許生下來身體就不完整，這些都是我們先天無法掌握的，只能接受。面對著這些所謂的不平，平庸者只會埋怨，而不以實際行動去改善，結果差距越來越大；智者則會坦然地接受它們，積極地用後天的努力去改變這種不平，贏得了自己的人生，也贏得了更多的敬佩。

史蒂芬威廉霍金，是「黑洞」理論和「量子」學說的創始人。對於他而言，命運是很不公平的，他天生就是一位中樞神經殘廢者，由於肌肉嚴重衰退，從而失卻了行動能力，手不能寫字，話也講不清楚，終生要靠輪椅生活。但是他並沒有因為這些身體的殘缺而怨天尤人、斤斤計較，也沒有因為身體的局限而停止人生的探索。相反的，史蒂芬威廉霍金曾先後畢業於牛津大學和劍橋大學，並獲得劍橋大學哲學博士學位。

由於身體行動的不便，他只能用一個小書架和一塊小黑板完成他的研究過程。在研究過程中，他克服了無數次常人無法想像的困難，最終在天文學的尖端領域——黑洞爆炸理論的研究中，透過對「黑洞」臨界線特異性的分析，獲得了震動天文界的重大成就，因此榮獲了一九八〇年度的愛因斯坦獎金。

然而，這位失去了行動能力的科學家在一九八五年病情惡化，連語言能力也被剝奪了。這時候的他依然沒有把時間浪費在埋怨命運上，他利用一台電腦聲音合成器來間接表達他的思想，不浪費分秒地在他有限的生命中創造奇蹟。他用僅能活動的幾個手指頭，操縱一個特製的滑鼠在電腦螢幕上選擇字母、單字來造句，然後透過電腦播放聲音。有時候，為了合成一個小時的錄音演講可能就要準備十天。身體的如此不便絲毫沒有減慢他研究的速度，他在統一二十世紀物理學的兩大基礎理論——愛因斯坦的相對論和普朗克的量子論方面走出了重要的一步。如今他已經被稱為在世最偉大的科學家，當今的愛因斯坦，我想這種殊榮，史蒂芬威廉霍金當之無愧。

生命和生活有時候並不如我們想像中美好，它們對我們每一個人的待遇都有所偏心，有的人確實生於榮華，處於豐順；有的人或許就沒有那麼多天生的優勢。不過相信上帝在為你關上一扇門的同時，肯定為你打開了另一扇窗。看淡這些不平，才能潛心去做正經的事情。我們的心和胸懷就那麼大，如果裝滿了埋怨和憤憤不平，又怎麼能有心思去探索自己的夢想呢？

生活的真諦是淡然。面對人生的不公，不可強求，安心做好自己的事情就夠了。生活就是如此，它給了你什麼是無法改變的，不如坦然地接受，利用它賦予你的東西去實現自己的人生價值。看淡生活的不平，便是懂得如何生活。懂得生活的人，不僅僅是成功的人，也是智慧的人。沒有什麼可以完全按著你的意願去發展變化的，有時候付出了、努力了反而沒有回報的事情，並不代表它們白白地付出了，相信它們肯定會以其他形式，在其他方面補償你的。付出和回報有時候展現出的不平衡，只是暫時的現象，需要從長遠的角度來看。然而有些人偏偏不懂這一點，不把精力放在奮鬥上、放在探索人生上，反而苦苦追尋著平衡，換來的也不過是勞累罷了。真正的愚蠢便是這樣不懂生活，只會怨天尤人。

# 學會一笑置之

生活中不乏酸甜苦辣，尤其對那些痛苦的記憶，我們應該學會一笑置之，這種人生態度讓我們能夠放下過去的陰影，輕鬆地走在今天的陽光裡。

學會一笑置之，就是養成一種寵辱不驚、笑看風雲的生活態度。古人用一副對聯告訴我們：人生在世不過短短數年，要視寵辱如平常才能處世不驚；視名利如雲卷雲舒般坦然才能無所牽掛。我們的人生是短暫的，如果把功名利祿、榮耀光環看得如此重要，很容易就迷失在那些膚淺的東西上，從而丟失了人生的真諦。

寵辱不驚，一笑置之是一種人生智慧。詩人徐志摩曾如此說道：「我將於茫茫人海中，尋訪我唯一靈魂之伴侶，得之，我幸；不得，我命。」雖然這句話是他的愛情宣言，但是我們依然可以從中深刻地感受到，一位浪漫主義詩人的坦蕩胸懷。同樣地，宋朝詩人陸游也在其詩《書夢》中寫道：「一笑俱置之，浮生故多難。」看看這些偉大詩人的情懷，無一不表露出一種智慧的人生觀。一笑置之，是一種看淡風雲、大徹大悟的心境。有些人把身外之物看得太過於重要，因此讓自己的人生過的壓抑不堪。

人生不過幾十載，大可不必把別人的言論，及身外之物太當一回事。如果因為他人的以訛傳訛而暴躁不安，因為一場生意的失敗而自暴自棄，因為旁觀者的幾句嘲笑而放棄自己的夢想，那麼這樣的人生便不是你的人生，你不是為了自己而活，是為他人而生的。對過去的事情要拿得起，放得下；對那些無聊的言論要左耳進，右耳出；坦然面對塵世間的風風雨雨，才能活出真正的自我。

話說唐朝時有官員考核制度，唐太宗期間，盧承慶因為處事公正而被唐太宗特別任命為「考功員外郎」，管理官吏考績。有次，在盧承慶考評官員的過程中，有位管漕運的官員，因糧船沉水而失責。盧承慶便給這位官員寫下了「失所載，考中下」的評語。出乎他意料的是，那位官員聽後，沒有提出意見，也沒有任何疑懼的表情，一點也不生氣，很坦然地接受了。盧承慶繼而一想，糧船翻沉，不是他個人的責任，也不是他個人能力可以挽救的，於是改為「中上」等級，只見那位官員依然沒有發表意見，既不說一句虛偽的感激話，也沒有什麼激動的神色，只是一笑置之。看多了奉承嘴臉的盧承慶很讚賞他這種人生態度，脫口稱道：「寵辱不驚，難得難得！」最後把評語改成：「寵辱不驚，考中上。」

義大利詩人但丁曾有一句名言：走自己的路，讓別人去說吧。字裡行間也流露出一種輕鬆的人生態度。面對風雲，一笑置之，看似消極，實則是一種積極的人生智慧。人的一生總免不了跌宕起伏，有高峰也有低谷。有智慧的人能明白這一點，當事情發生在自己身上時也能做到坦然。榮耀和屈辱都不過是過眼雲煙，經不起時間的考驗。

北宋時期，范仲淹堅持「慶歷新政」，當他被謫居鄧州時，突然從高處跌入了人生的谷底，可是他依然可以「心曠神怡，寵辱偕忘，把酒臨風，其喜洋洋」。

十九世紀中葉，美國實業家菲爾德，首次使用海底電纜把「歐美兩個大陸聯結起來」，因此被譽為「兩個世界的統一者」，鮮花、稱讚聲絡繹不絕。後來因為理論和實際情況不相吻合，在使用的過程中，由於技術問題，剛接通不久的電纜便中斷了信號。

一瞬間，那些俗人的嘴臉全部變了樣，稱讚全部變成了臭雞蛋，紛紛對著菲爾德砸來，指責菲爾德欺騙了他們，要求他賠償各種損失。面對這巨大的榮辱變化，菲爾德並沒有接受不了，他對那些屈辱一笑置之，顯現出成功人士卓越的風度，他繼續潛心改進他的海底電纜事業，最終成功地架起了歐美大陸的訊息大橋。

我們要學習這些成功者的人生態度，做到「寵辱不驚，坦然面對」。我們的生命中充滿了無數次的巨變，無論是好的還是壞的，我們都應該做好充分的心理準備，以一種寬闊的胸懷去迎接它的到來。

# 堅定信念

在傳達祝福的話語中，「心想事成」是常常被使用的詞彙，心想事成指的就是信念。與其說信念是要達成我們想要達成的目標，不如說它是成功的原動力。

要活得有意義，信念是個關鍵。我們是否每天都在想如何為自己及組織的前途做得更好？這是一種自我挑戰的體現，也是一種信念。要有勇氣地向自我挑戰，讓自己有股企圖心不斷地自我超越，達到更好、更進步的境界。

信念是支撐一個人一輩子的力量，那些有所成就的人，都有堅定的信念，無論是順境還是逆境，他們都不曾忘卻自己所堅持的信念，信念在逆境中能夠讓人產生極強的求生慾望，支撐自己活下去，最終有所成就。

沒有堅定信念者辦事時總是畏畏縮縮，結果許多易於完成的事都中途作廢。而信心充足者，做事時可令自身潛能得到超常發揮，結果時常變許多「看似不能」為「居然成功」。自信令其屢敗屢戰，直至成功；自信引發他信，他信助其成功。在變幻莫測、競爭激烈的商界，自信尤其特別重要。

信念，是對自己的一種肯定。堅定自己信念的人會讓他人尊重並信任你，如果一個人連自己都信不過，又怎麼指望別人信任你呢?當你遇到挫折時，如果認為自己已被打倒了，那麼就是真正地被打倒了。如果認為自己仍屹立不倒，那麼就真的屹立未倒。如果你想贏，但卻又認為自慚形穢，那就不可能成為一個強者。無論在什麼情況下，你都要依靠自己，相信自己，挖掘自己，發揮自己，只有你自己才能主宰自己。

信念的力量是強大的，當你有了自己的信念之後，它會在無形之中影響你，到最後發現自己變成的樣子就是受自己信念的影響。

有一位生來就是駝背的波斯王子，在他十二歲的生日那天，父王答應送他一件他希望得到的禮物。出乎意料的是，王子要一件自己的雕像，而那雕像必須有一個完美的軀體，挺直而美好。雕像做好後，就放在宮廷的花園裡，每天早晨起床後和晚上睡覺前，他都要跑到自己的雕像前佇立一會兒，並且對自己說：「這就是你，王子！這就是你長大後的樣子，挺拔的身軀，英俊的面龐。」就這樣，石雕的圖像成為他的夢想和信念。晚上躺在床上，他把身子伸得更直些；白天走路時，他也努力將胸膛挺得更高些。日復一日，年復一年，王子堅持著自己的信念，等到他長大成人後，人們驚奇地發現，那個駝背的少年變成了一個英俊挺拔的青年。

波斯王子認定了自己就像雕塑的形象那樣完美，所以他讓自己朝著那個方向努力，常年的努力，讓他最終克服了自己的缺陷，成為一個英俊挺拔的青年。

信念的力量是偉大的，因為你抱有什麼樣的信念，就會出現什麼樣的現實。「怎樣看世界，就得到怎樣的世界」。你的信念會讓你相信未來，這個相信會促使你全力以赴，不畏艱難險阻；這個全力以赴會幫助你走過困境，實現目標；這個實現會更堅定你的信念，促使你更全力以赴地做事，長此以往，你會最終贏得你自己的美好未來。

有一對不幸的母女，母親在女兒兩歲多時患了癌症，醫生說最多只能再活幾個月。更不幸的事情又接踵而來，她的丈夫是跑單幫的司機，在一次雨天運貨時出車禍不幸身亡。災難似乎決心要摧毀這個家庭，但這位母親卻為了女兒堅持住了。事故處理後，她用所有的積蓄開了一間小雜貨店，發誓要讓女兒健康成長。她一次次地接受手術和化療，每次醫生都說：「可能只有幾個月時間了。」但她不甘心，她對自己說：「我必須活著，活到女兒大學畢業。」她的病最終沒能治癒，但她卻因為一個堅定的信念而將死亡延後了整整二十年。她是在看到女兒大學畢業走上工作崗位上兩星期後逝世的。很多人，包括為她治療的醫生們，都深為這位母親因愛而生的信念力量而感動不已。

這位母親憑藉的就是堅定的信念，女兒是她的牽掛，所以她一定要把女兒撫養成人才能放心，就憑藉這樣的信念，她為自己的生命贏得了二十年。這是怎樣的奇蹟啊！

信念是一個力大無比的巨人，它可以創造出令人難以置信的奇蹟。每個人在自己的一生中，都會遇到困難和挫折，但只要有堅定的信念，你的生命就會煥發出燦爛的光芒。將信念風帆高高揚起，你一定可以航行得更遠。

2

# 改變心態，心情決定事情

好心態才能有好的命運。很多時候人的成功和失敗並不是由客觀因素決定的，而是和當事人的主觀心態息息相關。研究表明：在愉快、積極的心境下做事比在壓抑的、痛苦的心情下更容易成功。所以收拾一下你的心情，或許有意外的收穫。

# 保持好勝之心

拿破崙說，不想當將軍的兵不是好兵。人生在世，就是一個不斷追求成功的過程。人往高處走，水往低處流，沒有一顆好勝的心，如同逆水行舟，不進則退。

好勝之心源自於對自己的信心，有自信的人才有好勝的心態。在競爭激勵的現代社會，好勝早已不是古語中所表達的貶義詞，相反的，沒有好勝心是不能贏得成功的。好勝既是一種對成功的渴望，又是對自我能力的肯定。有了這樣的心態，才能激勵自己在艱苦的環境中毅然決然地走下去，直到抵達終點為止。

有了好勝之心，進而才能有堅持到底、誓不低頭的決心。如果對於成功的渴望不那麼強烈，當遇到困難的時候便很容易動搖，半途而廢，無功而返。只有對成功的極度渴望，才能燃燒起人類內在的小宇宙，激發出平時自己都發現不了的潛力，從而擊敗困難，到達勝利的彼岸。

許多企業家及專業企管雜誌都強調：成功首先要有野心和抱負。有篇談論傑出人士成功因素的文章是這麼說的：「一個人要取得成功，首先要有野心和抱負，是不是想做事情，有沒有想法；其次要做，必須實實在在地去做，並且需要堅持和調整，真理是做出來的，不是想出來的，也不是用等的，事情在實踐過程中，常會發生變化並出現新的機會，當然機遇也很重要，這對成功也很關鍵。」

好勝之心是一個成功者必備的心態，然而這個心態要有一個理性的前提。瘋狂、不切實際的好勝之心，是不健康的，容易使人走火入魔。堅持好勝是「必需」的，然而理性的、健康的、切合實際的求勝是「必須」的。如果好勝建立在不真實的能力評估基礎上，很容易因為根基不穩而倒塌。企業的發展不能僅僅建立在數量擴充的基礎上，個人發展也是如此。不理性思考，盲目求勝，只會賠了夫人又折兵。

所以說，好勝心是不能缺少的，建立在真實、客觀基礎上的好勝心尤其重要。求勝是個人或群體上進的表現。沒有上進心，不求進取，只能如逆流中的小船般，順勢而下，最終翻覆在激烈的浪潮中。擁有好勝的心態、理性的野心是成功的第一步。因為理性的野心不但給你樹立了奮鬥的理想，更給你提供實現理想的動力和誓不放棄的決心。如果你現在還沒有求勝之心，那麼趕緊行動起來吧，分析一下自己的實力，為自己找一個展現自我的機會吧！

# 積極面對所遇之事

同樣的園林，同樣的一朵玫瑰花，積極樂觀的心會看到美麗的花瓣和清晨透徹的露珠；而悲觀消極的心則看到花下傷人的尖刺和清晨微冷的天氣。一個笑臉，一個苦臉，不一樣的心情，恐怕今天一整天的成績也大不相同。積極樂觀的人總是能看到更好的情景，所以在好的心情下，他就能處處順心，做什麼都游刃有餘；而悲觀厭世的人總是看到那些令自己討厭的情景，在惡劣的心情下，又怎能順利地完成工作呢？俗話說，倒霉的人喝涼水都塞牙。事實上，水怎麼能夠塞牙呢？這不過是人的主觀感受罷了，心情不好自然看到什麼都覺得不好，做什麼都覺得不順利，自然就有了「屋漏偏逢連夜雨，船遲又遇打頭風」的主觀感受。

可見，保持一顆積極樂觀、充滿熱情的心有時候能扭轉乾坤，讓生命出現轉折的奇蹟。一個人如果有高度的熱情、積極的心態、必勝的信念，那麼還有什麼他辦不到的呢？世界只會為那些積極樂觀的人敞開綠燈，使他們的事業有更快的速度航向成功。所以說成功者的必備素質便是一種積極的心態，他樂觀地面對人生，所以成功與他的距離便比別人稍近一點。對於大部分人而言，他們在平時確實是樂觀上進的，但是唯一美中不足的是：每當遇到關鍵的環節時，他們便失去了往日的自信、熱情和積極，於是大部分人總是與成功擦肩而過，他們真的是與成功很近了，但總是還差那麼一點點。

積極的心態要保持在每一個時刻，堅持住了你就能成功。你或許不信，難道心態這東西真如所說的這般神奇嗎？從下面這個小故事，你便可以具體地看到積極的人生態度和消極的人生態度到底有什麼區別。

農業自動化機械廠生產出了一種新的農場機器，為了擴大市場，他們先後派出了兩名員工去同一個農場推銷新設備。最先去的這名員工工作態度認真，也很勤勞，唯獨心態不好，總是悲觀地看待自己的工作和人生。

當他來到這家農場後，看到這裡的農民都是靠人工在田裡種植和收割，覺得非常失望。他想，這裡的農民是不會買我的設備的，他們都靠自己的人力來工作，看來是白走一趟了，於是他一句話都沒說就敗興而歸，寫了份推銷失敗的報告交上去。

上級一看覺得非常納悶，心想，如此先進又省時的機器，竟然沒有推銷出一台，實在太奇怪了。於是他重新派了另一名員工再次到該農場推銷，這位員工是公司的金牌推銷員，積極上進，口才一流。他來到農場一看，立刻開心的說：太好了，簡直太順利了。

這家農場居然都是使用人工，這下不但可以推銷新設備，就連其他一些設備也可以一併介紹給他們使用。於是他把農場所有的農民都聚集起來，誠意十足的說：「大家好，告訴大家一個好消息，你們終於可以不用這麼辛苦勞動了，安裝上這種設備，在同樣的時間內，你們只需花費以前十分之一的力氣，但是絕對能收穫十倍以上的成果！」大家很快地被他絕佳的口才及高昂的情緒帶動起來，紛紛嘗試這種新設備的神奇效力，結果這批新設備在這個農場獲得了非常好的銷售成績。

兩種不同的心態，導致了截然相反的結果。在同樣一個農場中，同樣的一批客戶，同樣的一種產品，僅僅因為一個心態的差異，卻導致了一個不戰而敗，一個大獲全勝的結果，生活中很多事情就是這個例子的翻版。很多失敗的原因或許與客觀條件無關，而僅僅是主觀心態有問題，消極的心態多半導致不戰而敗，沒有開始就已經宣告了失敗的結局。

「我辦的到！」已經成為越來越多成功人士的口頭禪，這不僅僅是一種自信，更是一種積極心態的表現。一個積極的人，總能看到充滿希望的未來，總能看到美好的事情，總有更大的動力驅使自己前進。請保持一顆積極的心吧，這或許正是你尋找許久的動力根源。

# 堅持理想和希望

對未來充滿希望，人生才有前進的動力。所以說成功的人都懷有一顆希望之心，他們對未來充滿希望，堅信明天可以比今天更加美好，所以他們才能有勇氣、有動力不斷前進。

理想是人生的奮鬥目標，是人類對於有可能實現的未來的一種想像。有了理想，人類才可以按照它的方向去努力；有了理想，人類才能在艱苦的探索下堅持下來。當然理想不是毫無根據的幻想，它必須建立在真實的、客觀的個人條件基礎上，否則就是沒有道理的空想，是沒有實現意義的。

有了希望的心，有了理想的路，前途才會更加明確。不要在沒有思考、沒有分析前就消極地把事情打上不可能實現的標籤。事實上你要鼓勵自己「我辦的到！」，有希望才能有動力，你才會在探索的過程中無往不利，勇往直前。

能夠把絕望變成希望，不讓身體的缺陷限制自己對理想的追求，湯姆鄧普就是這樣一個不平凡的人。湯姆鄧普在出生的時候，只有半隻腳和一隻畸形的右手。自從懂事以來，父母就告訴他，不要對自己的人生絕望，不要因為自己的殘疾而感到生命受限，別人可以做到的事情，你同樣可以成功，甚至可以期望自己做得更好。小時候，湯姆鄧普和別的孩子一起參加童軍團，跟那些健全的孩子一樣堅持著完成了行軍十公里的考驗。後來湯姆鄧普發現了自己的一個優點：他可以把橄欖球踢得比其他一起玩的人還要遠。於是他請鞋匠設計一雙適合他身體特點的鞋子，然後積極地參加橄欖球隊的入隊資格測試。出乎所有人意料的是，他通過了踢球測驗，還得到了衝鋒隊的一份合約。

然而當教練看到他的身體條件以後，遺憾地告訴他：他不具備成為職業橄欖球員的條件，應該去從事其他的事業。不過湯姆鄧普堅持要教練給他一個機會，教練雖然心存懷疑，但是看到這個男孩這麼自信，不忍心打擊他，還是答應給他一個機會。在一周後的友誼賽中，湯姆鄧普踢出了五十五碼遠的得分，讓教練也不得不對他另眼相看、大加讚許。這次勝利使他獲得了專為聖徒隊踢球的工作，而且在那一季中為他的一隊踢得了九十九分。在某場關係到季後賽資格的關鍵比賽，聖徒隊雖然努力奮戰，但在比賽結束前卻還處於落後的不利局面，在這個需要英雄表現的偉大時刻，球場上滿座的球迷都在衷心期盼。當比賽只剩下了最後幾秒鐘，球隊把球推進到四十五碼線上，根本就可以說是沒有時間了。教練喊道：「湯姆鄧普踢球！」當湯姆進場的時候，他的隊伍距離得分線有五十五碼遠，球傳接得很好，讓湯姆鄧普能拼出全力踢球，全場的眼睛都盯在這顆像老鷹般高高飛起的球上，同時為湯姆鄧普擔心著，這球能夠達到得分所需要的距離嗎？

最終的成績獲得了全場的肯定，球從球門之上幾英吋的地方越過，裁判舉起了雙手，表示得了三分，聖徒隊以十九比十七逆轉獲勝。球迷狂吼著為踢得最遠的最後一球興奮大叫，湯姆鄧普雖然身體殘疾，卻為整個球隊的勝利贏得了最後一分，也為他的人生譜寫了光輝的一頁。

當記者賽後訪問他，問他是什麼給了他如此巨大的力量時，他微笑著說：「對生活的希望，對生命的熱愛。雖然我的身體有些不利條件，可是我從來沒有放棄過對人生的理想。我覺得每一個人都應該對生活充滿希望，不要輕言放棄。」

近幾年來，由於憂鬱症而放棄生命的案例已經屢見不鮮。很多高級知識分子，甚至包括一些事業有成的人，都選擇輕生來結束自己珍貴的生命。在

一封博士的遺書中，曾多次提到由於時常感到生命沒有意義，絲毫尋找不到任何希望而選擇自我了斷。心理學家分析：憂鬱症大多來自於對生命的失望，患者由於心中缺少對未來的希望而容易選擇輕生，除了藥物治療外，最關鍵的是個人需要主動地調節自己的心態，無論遇到什麼挫折都要對自己的人生充滿希望。

對於每一個人而言，希望之心都是不可少的。失敗的人具有了希望之心，才可以百折不撓；成功的人具有了希望之心，才可以不驕不躁，繼續進步。希望對於任何人都是必備的，人生若沒有希望，就成了一片死海。大多數失敗平庸者並不是他們的能力不足，而恰恰在於他們的心態問題。沒有希望之燈的人生，就像一隻在黑暗中航行的小船，很容易因為害怕風浪而自行擱淺。

# 不可輕言放棄

勝利貴在堅持，要取得勝利就要堅持不懈地努力，堅持就是勝利。當我們遇到挫折，或感歎命運不公時，堅持就是最明智的選擇。告訴自己：不要放棄，堅持下去，或許彩虹馬上就會出現。

堅韌之心是成功不可缺少的心態。你可以是不聰明的，不機智的，沒有經驗的，沒有天賦的，但是你不可以是沒有恆心的。沒有一顆堅持到底的心，

再簡單的事情也可能因為你的不能堅持而以失敗告終。

四十來歲的米喬伊被公司裁員，失去了工作，從此一家六口人的生活全靠他一人外出打零工賺錢維持。三餐經常沒有著落，有時一天連飽餐一頓也沒有。

為了找到工作，米喬伊一邊外出打工，一邊到處求職，但所到之處都以年齡太大或沒有職位空缺為藉口將他拒之門外。然而，米喬伊並不因此而灰心，他看中了離家不遠的一家建築公司，於是便向公司老闆寄去第一封求職信。信中他並沒有提出自己的要求，也沒有吹噓自己多有能力，只簡單地寫了這樣的一句話：「請給我一份工作。」

這位底特律建築公司老闆約翰收到求職信後，讓手下人回信告訴米喬伊「公司沒有職缺」。但米喬伊仍不死心，又給公司老闆寫了第二封求職信。這次他還是沒有吹噓自己，只是在第一封信的基礎上多加了一個「請」字：「請給我一份工作。」此後，米喬伊一天給公司寫兩封求職信，每封信都不談自己的實際情況，只是在信的開頭比前一封信多加一個「請」字。

三年間，米喬伊一共寫下了兩千五百封信，即在兩千五百個「請」字後是「給我一份工作」。見到第兩千五百封求職信時，公司老闆約翰再也沉不住氣了，親筆給他回信：「請即刻來公司面試。」面試時，約翰告訴米喬伊，公司裡最適合他的工作是處理郵件，因為他「最具寫信的耐心」。

當地電視台的記者獲知此事後，專程登門對米喬伊進行採訪，問他為什麼每封信都只比上一封信多增加一個「請」字時，米喬伊平靜地回答：「這很正常，因為我沒有打字機，只想讓他們知道這些信沒有一封是複製的。」而老闆約翰不無幽默地說：「當你看到一封信上有兩千五百個『請』字時，你能不受感動嗎？」

無數的例子告訴我們：堅持不懈便能換來成功。這個「三多」精神需要你我牢牢地記住，堅持多一點，信心多一點，樂觀多一點，也許成功就在距離我們半英哩的地方，也許成功就在第二天出現。

# 平和是最佳的心態

人生在世，無論是面對榮華富貴、位高權重，還是面對窮困潦倒、失權失勢，都要以一顆平和之心處之泰然。不以物喜，不以己悲，得失隨緣不僅僅是古人讚賞的一種精神，更是處於這個風雲瞬變的當代，所必需的一種心態。平靜地面對風雨大浪，因果得失，才是成就大事業者的氣魄。

中國道家學派一直推崇的便是這樣一種思想：逍遙而游，得失隨緣。權力、財富、地位不過都是過眼雲煙，身外之物，如果因為它們而擾亂了自己的心緒，那並非智者所為。追求成功、名望本身並沒有錯，不過對於成敗要以平和之心待之，這樣才不會被成功迷失心智，喪失自我。

追求權位的人希望總有一日一手遮天，力挽狂瀾；追求財富的人希望自己富甲天下，縱橫股海；追求名望的人希望自己高高在上，一世英名；然而莊子卻說道：「眾人重利，廉士重名，賢人尚志，聖人貴精。」追求這些浮名利祿不如追求一顆平和之心，任何東西皆是生不帶來，死不帶走，倘若能看到生命的真諦，想必才能夠真切地理解生命的意義，明白世間之事可以追求，但不可強求，得失隨緣才是明智之舉。

李斯，秦代著名的政治家，可謂聲名顯赫，功績卓著。年輕的他便對權勢有著極度的熱愛，於是他拜荀子為師，學習帝王之術、治國之道，以求將來有所成就。

公元前二四七年，李斯來到秦國，先在秦相呂不韋手下做門客，取得了呂不韋的信任，憑藉他的推舉，李斯當上了秦王嬴政的近侍。李斯利用經常接近秦王的機會，勸說秦王抓緊「萬世之一時」的良機，「滅諸侯成帝業，終成天下一統」。秦王接受了李斯的建議，先任命他為長史，後又拜為客卿，命令他來制定統一天下的策略。

公元前二三七年，秦國宗室貴族利用各種藉口要求秦王下令驅逐六國客卿，李斯也在被逐之列。李斯不甘心就這樣走下歷史舞台，於是他寫了《諫逐客書》，勸秦王收回成命。

秦王看了《諫逐客書》深受感動，於是取消了逐客令，恢復了李斯的官職，他佐助秦王嬴政，用了僅僅十年的時間，先後滅了六國，統一了天下大業。李斯當上丞相以後，利用職權，大肆改革。歷史上著名的慘劇「焚書坑儒」就是在李斯建議下、為了打擊儒生誹謗朝政的倒行逆施。公元前二一〇年，秦始皇死後，李斯害怕自己的權貴地位因先帝的去世受到影響，於是為了保住他的利益，和趙高狼狽為奸，偽造遺詔，立少子胡亥為帝。他一生精明，卻萬萬沒有想到趙高篡權後又施展陰謀，誣陷李斯「謀反」。李斯就是因為私心而一時糊塗，從而落得了身死族滅的下場。臨刑時李斯和他兒子抱在一起痛哭說：「吾欲與若復牽黃犬俱出上蔡東門逐狡兔，豈可得乎！」

試想，倘若李斯早就有一顆平和之心，淡然地看待權貴和地位，能夠做到天天牽著黃狗打獵這點要求就滿足的話，又怎能被趙高矇騙，捲入一場黑暗的政治鬥爭陷阱中呢？

平和之心，貴在淡然。《道德經》中對於平和之貴也有過如此評價：「寵辱若驚，貴大患若身。何謂寵辱若驚？辱為下，得之若驚，失之若驚，是謂寵辱若驚。何謂貴大患若身？吾所以有大患者，為吾有身，及吾無身，吾有何患！」古代的聖人告訴我們，如果對於榮華富貴和屈辱不能淡然處之，不是聖哲之人的舉動。要做到寵辱不驚，首先在心態上必須放平穩，不能僅僅為了一些得失而迷失心智，做出一些後悔的行為。這些不明智的行為，小則影響一時，重則影響一生，可謂得不償失。

有一顆平和的心，就要做到淡泊名利，分清是非，懂得生命中什麼才是最珍貴的。有了千斗黃金，換不來誠心一笑；有了天下權勢，換不來健康的身體。財富權貴不過是浮雲一片，而人生的價值在於活得快樂和幸福。然而，生命是否快樂和幸福是人的主觀感受，一顆平和的心會比一顆計較利益得失的心更容易看到幸福罷了。人的一生，不如意事十之八九，只要有一個良好的心態，以平常之心，當平常之事待之，樂觀向上，得失隨緣，心態就會平衡。從容地對待生活才是智者所為。

# 謙虛使人進步

謙虛使人進步，驕傲使人落後。中國幾千年的歷史告訴我們，謙虛不但是人類的美德，更是一種從容的心態：謙虛之心，才能給人生留出更大的空間。有了不求巔峰的坦然，才能爬上更高的山峰，沒有最高，只有更高，謙虛的人生才是不斷進步、不斷高攀的人生。

提起姚明，這個以東方面孔、但卻能在以歐美球員為主的NBA籃球殿堂大放異彩的籃球明星，即使已經取得了相當好的成績，可是謙虛的特質依然在他的身上顯現。對他而言，謙虛是不能放棄的美德，即使在把謙虛看做虛偽或無能的美國，姚明也沒有放棄他的謙虛。在一場球賽後，即使貢獻了四十一分，他依然沒有給人盛氣凌人、不可一世的感覺，面對記者時依然謙遜地評價自己只是運氣好；即使在與許多著名球員的對決中取得了優勢，他也沒有炫耀自己，而總是在誇讚對方。

記得有一次，美國媒體稱讚他是NBA第一中鋒時，他只是謙虛地回答道：我會做得更好。在姚明身上，他謙虛的優點或許大大優於他的籃球天份，中國人傳統的謙遜文化在他身上得到有力的印證。

謙虛能拉近人與人之間的距離。所謂三人行，必有我師焉。如果總是高高在上，自以為是，那麼只能是故步自封，永遠也得不到大的發展。劉邦的左右手張良便是一位謙遜之人。

一日張良在外散步，當他走到一座橋上時，另一位老人剛好也走上了橋。

他走到張良面前，彎下身脫下鞋子，扔到橋下，然後以命令的口氣對張良說：「年輕人，下去把我的鞋子撿上來。」張良雖然覺得這個老人不應該指使他去取鞋，可是念在對方是老者，於是謙遜地說：「好吧！」於是，他跑下橋去，撿起了鞋子，再回到橋上來遞給老人。

老人沒有接鞋，對他說：「小伙子，替老人家穿上。」張良無奈，心想，好事做到底吧！於是跪在老人身下，幫他穿上了鞋子。老人對他說：「你這年輕人還值得一教，五天之後天亮時，你到橋頭和我見面吧！」

五天後，張良準時來到了橋頭，然而老人已經在那兒等候了。老人說：「你遲到了，五天後再來吧！」於是老人生氣地離開了。過了五天，天才微亮，張良就趕到橋頭去，可是那老人還是比他早到了。老人說：「你又遲到了！倘若你有心學東西，五天後再來吧！」

張良並沒有放棄，他雖然不能肯定老人是否在捉弄他，但是他還是決定五天後去探個究竟。到了第五天，張良沒有睡覺，半夜就到橋上去等待老人。

不久，老人就來了，這次他終於沒有再罵這個年輕人：讚許地說道：「不錯，這才是虛心拜師的做法啊！」老人從懷裡拿出一本《太公兵法》，對張良說：「只有謙虛的人才能做到能屈能伸，將來才有可能擁有一番作為。這本書你拿回去好好研究，將來必能助你成為國之棟樑。」張良從此潛心研究老人贈予的《太公兵法》，後來他聽說漢王劉邦帶兵起義，便投靠劉邦，用所知所學輔佐劉邦取得一次又一次的軍事勝利。劉邦在張良的輔佐下，最後推翻秦朝，建立了漢朝。

居功自傲的人是目光短淺的，他們容易因為一次兩次的成功就自以為是，放棄繼續進步的旅程。世界上是沒有真正的巔峰的，只要生命還在，我們就可以繼續努力，繼承了這樣的美德，才能保有一顆謙虛之心。自吹自擂、自我膨脹只會導致最終的夢想破滅，一個真正懂得人生的人是不會把時間浪費在吹噓上的，虛心學習別人的長處，才能實現自我超越。

謙虛是一種美好的道德修養，有了這樣的修養，人生才會更加美麗充實。

常懷有謙虛的心態，才能不斷地自我昇華。「宰相肚裡能撐船」，對於謙虛的人而言，人生是一只永遠也注不滿的瓶子，他們不斷地擴大自己的心胸，不斷地吸收精華，才能天天都有新的進步。

# 活到老，學到老

對於好學的益處，《論語》中有這樣一句著名的評價：「以其好學之心，假之以年，則不日而化矣。」其意思就是說，倘若人能夠有一顆好學的心，那麼幾年以後，這個人必將不可同日而語，可以取得大的成就。

「性相近，習相遠」。人生下來是沒有什麼區別的，而是後天的學習讓他們各有所長，從而走上了不同的崗位，走上了不同的領域。學習之重，是孔子一直強調的。學習是一個人由無知走上智慧的唯一道路，要想成就大事業，必須具備相關的知識，否則就是做白日夢。那麼知識從何而來呢？孔子說「學而時習之，不亦樂乎？十室之邑，必有忠信如丘者焉，不如丘之好學也」。可見，學習的重要性遠遠大於天資等先天條件，勤能補拙，倘若能夠早點認識到學習的重要性，那麼你就比別人早到成功一步。

好學首先表現為勤奮，懶惰的人天天口頭上說著要學習，但卻懶於付諸行動，絲毫收不到成果。勤奮的學習理念，端正的學習態度是好學之心不可缺少的兩大元素。

勤奮的人才有可能成功。當有人問魯迅為什麼能在文學上取得如此大的成就時，他說：「我沒有什麼天分，只不過是把別人喝咖啡的時間都用來讀書、寫書罷了。」這就是成功的祕訣。為什麼芸芸眾生中的絕大多數都一生平庸？因為當他們懶於去做某件事情時，就找各種理由來安慰自己，把自己的好學之心扼殺在搖籃中：今天週末該放鬆，怎麼能學習呢，這麼好的天氣應該去公園走走；算了，今天太累了，看書的計劃取消吧，改日再看；這書有什麼好看的，看了以後也會忘，不如不看，出去玩會兒啊……久而久之，便失去了學習的習慣，好學對於你而言就成了神話。

在一般人看來，秀彬算不上命運的寵兒，他出生在一個貧困的家庭，也不是天資聰明的人，小時候連國中都沒有讀完就回家幫助父母料理家務。然而，秀彬的好學是有目共睹的，他從小就是一個勤奮好學的孩子。由於對物理和化學有特殊的偏愛，他總是利用一些閒暇的時間來自學相關方面的知識。那時候為了養家，他在外出打工的日子裡，依然選擇到報酬不高，但是卻可以學習和做實驗的藥店工作。

空閒的時間，他並沒有像別人一樣休息，反而是利用藥店裡的各種「器材」來做實驗，潛心研究。那些器材，不過是藥店裡已經廢棄的舊平底鍋、燒水壺和各式各樣的瓶子。艱苦的工作並沒有妨礙他的學習，在短短幾年的時間裡，他透過自學把國中、高中乃至大學的物理、化學教材都學習得滾瓜爛熟。多年的努力不會沒有回報的，他的好學終究給了他最佳的回饋：他成功地研製出三項領先國際的新成果。後來，他以電化學方面的傑出貢獻以及出色的領導才能擔任韓國國家無機化學學會的會長。

無論對於個人還是群體，學習都是不可或缺的一個環節。沒有好學之心，個人不能進步；沒有好學的氛圍，群體的發展也會停滯不前。建立學習型企業，培養學習型人才已經是當代社會的普遍要求。

七〇年代名列《財富》雜誌世界五百強排行榜的大企業，有三分之一已經銷聲匿跡了，這些被淘汰的企業和企業領導者面臨的困境或許大不相同，然而他們大抵都有一項失誤，那就是忽略了學習的重要性。

一分耕耘，一分收穫。好學的心能夠讓我們每天收穫一點點，如果天天進步，我們數日以後或許就能達到「不可同日而語」的境界。我們或許不是天才，或許沒有天賦，可是勤奮好學同樣可以助我們登上成功的高峰。即使是一個天才，倘若不學無術，不求進取，恐怕也將一事無成。

天才都是從勤奮中走出來的，好學的心不過是把他天才的一面展現出來。所以說，不管你的本質如何，天資聰明或者笨拙，你都需要有好學的心態。好學的心能把礦石鍛造成金子，能把任何一個人都培養成一個天才。

# 樂觀指引你越來越好

悲觀的人總是在歎息：我的快樂在哪裡，誰搶走了我的快樂？事實上，快樂是一種心情、一種心態，是自己能控制並給予的，外人如何能剝奪你快樂的權利？保持一顆樂觀的心，快樂便能常駐你的身邊。心態的調節作用是巨大的，同樣的東西在不同的心態下，卻能表現出截然不同的局面。樂觀的人總是能看到美好，看到希望，從而心情愉快；悲觀的人總是看到黑暗，看到絕望，從而哭泣和厭世。

下面有則幽默的小故事，或許能博君一笑，同時也希望你能領略到樂觀心態的珍貴之處。

從前，某個熱帶國家的國王有個非常樂觀的貼身侍從，他總是能夠從壞的事情中找到樂觀、開心的理由，雖然這個侍從的樂觀精神偶爾也會讓國王受不了。

一天國王和這個貼身侍從外出打獵，然而當國王砍椰子來做午飯的時候，由於力道控制不佳，彎刀失手砍斷了腳趾。這時候，侍從剛從遠處走回來，手中抱著撿來的乾草堆。國王皺起眉毛，罵道：這該死的椰子，該死的彎刀，把我的腳趾給傷了。樂觀的侍從安慰國王說：「您不要著急，這是一個好消息啊。」

國王痛苦難耐，生氣地叫道：「什麼？你再說一遍？」

「這是一件好事啊！在這表面的意外後面肯定有我們還沒有看到的好

處。」侍從再次肯定地回答。

國王大怒，心想這個該死的奴才竟然敢嘲笑我，於是抓起奴才，把他扔進枯井裡，一個人氣衝衝地找尋回城堡的路。

沒想到，在回去的路上，國王由於沒有帶隨身護衛，被一幫土著抓走了，他們認為國王正好可以當作這個月獻給山神的祭品。土著把他帶到部落的祭司面前，祭司從頭到腳把這個活祭品檢查了一遍，當他注意到祭品少了一個腳趾時，他命令土著們把犯人釋放：「這個祭品不合格，少了一根腳趾怎麼能夠奠祭神靈，你們再去找一個人來，放了他吧！」

這個國王便因先前的受傷而意外撿回了一條命，他回到城堡後，想起了那個侍從的話，覺得非常有道理——表面的意外或許還隱藏著背後的好處。於是他帶領一批武士去救那個侍從，當國王把他救出來後，真誠地對侍從說：「你說得對，幸好有這場意外，才把我從土著對神靈的奠祭中解救出來，他們想把我扔到火山裡去，但他們看到我少了根腳趾頭，就放了我。這真是個

奇蹟。你真是個先知，我不該把你扔到井裡的！」

侍從說：「噢，不，國王，幸好您把我丟在了井裡。」

國王不解：「這次你又有什麼結論？」

侍從解釋：「如果不是您把我扔在井裡，救了我一命，我現在恐怕在天上侍奉神靈了。」

多麼樂觀的心態啊，如果我們也能具備這樣快樂的心態，恐怕沒有什麼坎坷或者挫折能夠把我們打倒。「塞翁失馬，焉知非福」，有了這樣樂觀的心態，就能坦然地面對得失。愛迪生就是這樣一個樂觀的人，這種樂觀給他的發明創造助了一臂之力。

在愛迪生六十七歲那年，他苦心經營的工廠發生火災，整個工廠毀於一旦。那天，愛迪生的損失不少於二百萬美元，這麼多年的精心研究也全部付之一炬。更令人痛心的是，由於那些廠房是鋼筋水泥所造，當時人們認為那是可以防火的，所以，他的工廠保險投資的很少，這場災難後能得到的補償可能不多。

當他的兒子查爾斯愛迪生聽說了這場災難，緊張地跑去找他的父親，他發現老愛迪生就站在火場附近，滿面通紅，滿頭白髮在寒風中飄揚。查爾斯後來向人描述說：「我的心情很悲痛，他已經不再年輕，所有的心血卻毀於一旦。可是他一看到我卻興奮地大叫：『查爾斯，你媽媽在哪裡？』我說：『我不知道。』他又大叫：『快去找她來，她這一生不可能再看到這麼壯觀的場面了。』」

看看，多麼令人佩服的氣魄！對於樂觀的人而言，外人眼中糟糕至極的事情都可以轉化成可以坦然面對的事。人生不過短短幾十年而已，如果總是悲觀看待這個世界，那麼快樂何在？樂觀是快樂人生的催化劑，無論遇到什麼挫折，都應該樂觀地接受、積極地去改變，快樂的心情可以讓你更有效率地戰勝困難，贏得勝利。

# 好心態才有好命運！

# 3

## 肯定自己，世界因你精彩

我們的人生是自己走出來的，誰也沒有權利剝奪我們個人的價值和快樂。珍惜自己，就要每一天都活出精彩，不要讓自己隱藏在別人的陰影中。人生可以學習，但是人生不可以複製，我們誰也不是誰的替代品。選擇快樂的生活，活出自己的特色，讓每一天都活得充實而有價值。

# 活出自己的精彩

生命可貴。不知多少年了，我們都是庸庸碌碌地走過，模仿著他人的腳步和路線，在鏡子中尋找不到自己的形象。事實上，我們不是任何人的替代品，我們每個人都是一幅美麗的風景，活出自我，才不枉在人世間走這麼一遭。

時光飛逝，歲月如梭。大抵從我們降生的那天起，便開始了我們忙碌的一生，學走路，學說話，學知識，賺錢養家……短短的幾十年就在我們沒有方向、平平淡淡的忙碌中渡過了。然而同樣是幾十年的生命，有的人便可以名留青史，有的人則一直默默無名，為什麼呢？那些被我們敬仰的名人，總能在有限的生命中做著有價值的事情，他們不會讓時間在苦惱、埋怨中蹉跎，因此他們活得精彩，他們有不一樣的人生；而大部分平庸者卻忽略了時間的價值，失敗、苦難、困境讓他們害怕，讓他們停滯，結果當老去的時候發現生命一片空白，只是為時已晚。

生命是上帝賜予的財富，我們應該好好利用生命的每一天。相信我們每個人都是獨一無二的，我們不應該總是活在他人的影子裡，觀看他人的風景而忘記了自己的步伐。過去的時間已經無法挽留，我們只能好好珍惜未來的每一天。每個人的先天條件是不一樣的，不要刻意去模仿別人，尋找自己的價值，活出自己的風采。

兩千年前，燕國壽陵有一位少年，他有個很大的毛病，就是對自己沒有信心，總覺得別人的東西才是好的，而自己處處不如別人，就是覺得低人一等。他常常感歎命運待他不公，鄰家的某某比他英俊，誰誰比他強壯，甚至連別人的食衣住行都比他好。時間久了，他甚至忘記了自己是誰，總是在模仿著別人。

有天，這個少年在路上聽到幾個人聊天，說邯鄲人走路的姿勢非常美，於是他心動了，回家左思右想也想像不出邯鄲人的步法，於是收拾行囊，打算去當地學習人家走路。到了邯鄲以後，小伙子眼睛都直了，果然是美！那些小孩，走姿活潑而輕巧；那些青年，走姿穩重而瀟灑；那些女人，走起路來婀娜多姿……他看到誰，就學誰走路的姿勢，結果半個月過去了，他不但誰的姿勢都沒有學會，反而連自己以前如何走路的也記不起來了，最後只能爬著回自己的故鄉。這就是邯鄲學步的故事。

模仿並沒有錯，可是當模仿超過了自我的限度，那就是過猶不及了。我們每個人都有自己的優點和缺點，如果無視自己的價值，非得讓自己去走別人的路，那麼恐怕最終迷失的是自己。

每個人都有適合自己的鞋子，如果非得去套別人的鞋子，不但不舒服，反而會擠壞我們的腳。穿自己的鞋，走自己的路，管別人說什麼。

對於人生而言，每一段時期都有每一段時期的精彩，十歲的單純，二十歲的活力，三十歲的奮鬥，四十歲的穩重，五十歲的知天命，六十歲的人生體悟等，我們沒必要站在二十歲時去羨慕他人的四十歲，更沒有需要站在四十歲時去感歎青春已逝，何必去羨慕別人呢？站在當前，就要活出當前的精彩，那麼生命才沒有遺憾。

生命是短暫的，我們不能在自怨自艾中任其流逝。既然我們沒有能力阻止生命的終結，那麼更應該珍惜在世的每一天，讓自己活得瀟灑而有價值。不要被一些物質利益所俘虜，做自己想做的工作，說自己想表達的意思，體會自己想體會的人生。快樂是最重要的，一個快樂的人才能擁有一個精彩的人生。浮名利祿都是過眼雲煙，不要為了一些虛無縹緲的東西，而強迫自己去做自己不喜歡的事情。或許有些人會為了追逐一些名利，喝了違心的酒，說了違心的話，即使他最終被提拔到那個窺視已久的高度，那麼他依然是活在被控制之下。

生活的真諦不是物質的享受，而是精神上的享受。愉悅、瀟灑、樂觀的你才能自由自在地生活。記住：活得精彩並不在於你擁有了無數的財富，也不是你擁有了至高的地位，而是活出好心情並能把這種快樂傳播給周圍的人。健康、快樂的生活才是真正的生活。

# 別跟自己過不去

人生路途中，很多事情都不在我們的掌握之中，但是我們可以靈活地掌控自己，及時地扭轉方向，從而換來柳暗花明。類似鑽牛角尖的堅持已經不是被推崇的人生態度，試著放鬆，試著改變，別跟自己過不去。

人生的苦惱多半來於自我困擾，很多時候不是因為擁有得少，而是以為自己能夠得到更多，當現實和想像有差距時，這時煩惱和失望就出現了；然後就開始自我折磨，認為自己的人生是失敗的，這種沒有意義的自怨自艾只是在跟自己較勁。如果能夠把這些無謂的自我較勁，放在與命運的抗爭上，我想肯定是另一番風景。

人的能力是有限的，靜下來想想，你會發現人的力量對於宇宙而言，又是多麼地微乎其微。所以生活中的很多事情，是人類的力量所無法辦到的，這時就不要再把責任壓在自己身上。失眠、抑鬱、失落都是自己加在自己身上的枷鎖，我們要及時清理這些心靈垃圾，輕裝上陣，才能夠擺脫過去，迎接新的明天。

當然，對自己有較高的期望是沒有錯的，盡自己最大的力量解決問題，當遇到人力所不及的情況時，不要為難自己，只要盡力了，那麼我們就問心無愧。

面對人生要懂得取捨，懂得退讓，別跟自己過不去，這才是人生的智慧。

舉個婆媳關係的例子吧，這個問題或許讓很多人頭痛。站在局外者的角度上看媳婦和婆婆之間的矛盾衝突：媳婦跟婆婆生氣，婆婆向兒子告狀，兒子再向妻子問罪，妻子無論有理無理都會憋一肚子氣，折騰了一圈，發現原來這一切竟是自己和自己過不去罷了。事實上，雙方相互理解一點，不但是給對方一個空間，也是給自己一個海闊天空。

從母親的角度來講，兒女自有兒女福。孩子們既然已經長大，那麼就應該放手讓他們成長，自己為了孩子的事情也已經辛苦了大半輩子，剩下的路就讓他們自己去走吧！少插手，少操心，年紀大了已經經不起折騰，那麼何必又來拿兒女的事為難自己呢？

從兒女的角度來看，即使沒有血緣關係，但對方是你所愛的人的至親，從這點來看，尊重和關懷也應該是必然的。不要吝嗇財物或者關愛，適當地給予，你會收穫的更多。只有跟自己過不去的愚者，才會把自己的家庭搞得烏煙瘴氣，相信這一點：家和萬事興。

忍一時風平浪靜，退一步海闊天空！用一個寬闊的胸懷去接受別人，這才是聰明之舉。一個人生活得快樂與否，並不是由他擁有多少財富，擁有多少權力來決定的，關鍵還是他的心態，一顆快樂的心包含寬容，包含忍讓，通情達理，不跟自己較勁，這樣才是珍惜自己，熱愛自己。

別跟自己過不去，是一種精神的灑脫，心情灰暗的時候，給自己的鬱悶尋找一個發洩的突破口。成功人士都有一個共同的特點：那就是有個積極的消遣方式，好放鬆自己的心情。在這個世界上，很多事情出乎我們可以掌握的範圍，雖然我們不能掌控命運，但是我們可以掌控自己；我們無法改變現狀，但是我們可以改變自己；我們無法改變陰晴，但是我們可以改變心情。沒有什麼過不去的坎坷，沒有什麼跨不過去的壕溝，何必拿一些身外物來折磨自己，苛求自己呢？對自己有信心，對他人有寬容，對生活有微笑，這樣才是善待自己。

別跟自己過不去，需要格外注意的是一定不能過分追求完美。追求完美是人類自身的一種心理特點，或者說是一種天性。但如果過分地追求完美，就自然會形成這樣一種情景：一件事情沒有做到自己滿意的地步，必定是吃不好睡不好，總覺得心裡有個疙瘩，很不舒服。任何事情都有個限度，追求完美超過了一定的範圍，就會變得不完美，就是在和自己較勁了，長此以往，心裡就有可能繫上解不開的結。我們常說的心理疾病，往往就是這樣不知不覺出現的。

要學會以寬容的心來對待正常的不足現象，不管是對自己還是職場中的同事、下屬，不懂得這個道理的人，只會陷入做事猶豫不決，謹小慎微，對自己總是不滿意，常常因為過分重視事物的細節而忽視全局，面臨意外而不知所措的狀態。

有這樣一則笑話：男人來到某家婚姻介紹所，進了大門後，迎面又見到兩扇小門，一扇寫著：美麗的；另一扇寫著：不太美麗的。男人推開「美麗」的門，迎面又是兩扇門。一扇寫著「年輕」的；另一扇寫著「不太年輕」的。男人推開「年輕」的門……這樣一路走下去，男人先後推開九道門，當他來到最後一道門時，門上寫著一行字：您追求得過於完美了，到天上去找吧。

這固然是一個笑話，但小笑話裡藏著大哲學，十全十美真的是找不到的。太完美就覺得假了，太美麗也許就是一個陷阱了。我們就是這樣跌進完美自身所造成的誤導裡，只不過這種誤導常常是以漂亮的面貌出現，以良好的狀態開始作為引導，然後是以效率的低下為終結。不要太苛求完美，你才會發現這才是真實生活，才能得到更多。

難道不是這樣嗎？戀愛時，眾裡尋他千百度，挑了又挑，個頭、長相、學歷、家庭、財產……盡善盡美，總幻想著有個最美好的羅密歐或茱麗葉在等著自己，偏偏可能是在挑選和等待的時間裡害了自己。結了婚，完美的戀人形象打了折扣或徹底破滅，又開始新的一輪完美追求；生了孩子，幻想著孩子就算不是天才，起碼也要出人頭地，不能再像自己一樣委屈了自己。於是，讓孩子從小學鋼琴、學繪畫、學外語……要上最好的小學、最好的中學、最有名氣的大學，將來還要出國留學，哪怕自己省吃儉用，也要積蓄下為孩子所用的每一分錢……自己年輕時未竟的宏偉藍圖，盡情勾畫在孩子的身上和心上。但這一切可能都完美無缺地出現在孩子的身上嗎？失去的就一定能夠補回來嗎？丟了初一，一定會在十五補回來嗎？將弦繃緊在自己和孩子的身上，會出現什麼樣的結局呢？萬一不是理想的結局，心理能承受得住嗎？多少人就是這樣不知道迂迴，不知道變通，不知道及時而適時地調解自己的心態，心理就這樣在一瞬間脆弱地垮掉，一輩子就是這樣在完美的誤導下非常不完美地沒有了。

要記住，人是不可能達到十全十美的，完美其實是一種理想中的境界。所以在一般的工作中，要學會滿足於實現目標的百分之九十五而不是百分之百。不要只知道一百分是優秀，其實九十五分也同樣優秀，而且更容易達到一些。過分追求完美，會給自己造成很大的壓力，由於害怕失敗，就會格外謹慎，反而會讓自己無法發揮自己應有的水平。

陳永志剛剛畢業不久，與幾個朋友一起創業，公司成立之初，自然是滿腔熱血。他負責與客戶洽談業務，他覺得每張訂單都要做到最好，訂單沒有簽成就會有一種挫敗感，覺得自己能力不夠，無心進行下面的工作，甚至出現頹廢的情緒，他向一位長輩傾訴這些困惑。

這位長輩說：「你為什麼總是盯著一張訂單不放呢？為什麼不試著去尋找新的客戶呢？做生意談不成是很正常的，這家不成，就找第二家啊，不能把所有的時間浪費在一家上。」陳永志恍然大悟，發現在生意場上，追求完美也許並不是件好事，會讓許多新的機會從你手中溜走。從此，他改變了自己的思路，不斷地尋找新的客戶群，簽成的訂單也越來越多。公司也慢慢地走上了成功之路。

一張訂單做得再完美，它也不會變成兩個，所以不需要在一些不必要的問題上，花費太多的心思來追求所謂的完美，這種完美很多時候帶來的不是成就感，而是更多的挫敗感。

別跟自己過不去，讓自己的人生充滿希望和快樂。每一天給自己一個希望，每一天進步一點點；每一天給自己一個微笑，每一天保持一個快樂心情。人生不是單色的，人生不是僅有一個目標，所以放開你的視野，放開你的胸懷，善待自己的每一天。

# 讓休閒嗜好帶給你快樂

人生除了工作和奮鬥外，還有一種非常重要的狀態，那就是休閒嗜好。休閒嗜好填滿了我們工作以外的人生，給了我們人生的快樂時光。

如果一個人只知道工作而不懂得如何休閒，那他算不上一個成功的人，充其量只能說是一個工作狂；真正的成功人士，除了努力奮鬥以外，都有自己的休閒嗜好，它可以是一種音樂，可以是一種繪畫，可以是一種運動，可以是一種山水，甚至可以是一種大眾的消遣方式。

著名詩人陶淵明是熱愛山水田園風光的，這種強烈的愛好使他的辭官歸隱顯得那麼合情合理，或許很多人難以理解，好好的仕途不走，為什麼要歸隱呢？我想強調的是，陶淵明選擇的不僅僅是田園風光，不僅僅是人生愛好，更重要的是他選擇的是人生的一種快樂。人生短短數十載而已，為什麼不選擇快樂的生活方式呢？

魯迅平生最喜歡的事莫過於收藏書籍。這些書籍不但滿足了他閱讀的需求，同時也給了他人生的快樂。縱觀《魯迅日記》，當中詳細記載了他平生購置並保藏的九千六百多冊書籍和六千九百多張古文物拓片，共一萬六千五百本圖書。

據說魯迅總是利用各種機會，想盡辦法搜尋和購置大量圖書。書對於魯迅，如同沙漠行者對綠洲的渴望一般。有次，魯迅的母親勸魯迅買幾畝水稻田，可以供自家吃白米飯，省得每月買米。魯迅聽了笑笑說：「田地沒有用，我不要！」然後又大聲說，「有錢還是多買點書好！」魯迅的日本好友增田涉回憶他的愛書嗜好時說：「如果魯迅共收入一萬元，光買書的費用大概要八千吧？」魯迅優秀的學術著作如《中國小說史略》、《漢文學史綱要》，參考了數量驚人的古籍文獻，而這些大半都是他自己精心搜集的藏書。他還利用藏書和借書編輯了《古小說鉤沉》、《唐宋傳奇集》、《小說舊聞鈔》等；他為了翻譯一些外國文學作品，預先購置了大量參考書籍，甚至委託朋友們從歐洲、日本購買外文原版。

一九二〇年以後，魯迅的經濟收入有所下降，這段日子是魯迅生活最苦悶、精神最彷徨、健康狀況最壞的階段。然而，就是這時候，書籍成了他的救命仙丹，也成了他的開心果。他大量買書，大量閱讀，在這樣的思想熏陶下，他的精神才得以得到慰藉，他才得以開心一笑。

我們雖然不是名人，但是我們同樣需要休閒嗜好。和魯迅一樣，嗜好不但可以陶冶我們的情操，還可以增長我們的知識。健康的休閒嗜好會使人精神有所寄托，生活更加充實，身心更加健康、快樂。休閒嗜好的本身，就是讓自己和別人快樂，擁有相同嗜好的人或許可以走得更近。所以不管工作多麼忙，都不能拋棄自己的休閒嗜好。同時，嗜好也是你人生的一個特色，當然不能因為你敬仰的人喜好什麼，你就選擇什麼。嗜好是出自內心的，是可以喚起你對生命的熱愛和激情的。所以無論你的人生處於哪種狀態，是春風得意，還是黯然失意，都要記得你還有一個休閒嗜好，生命因它而美好，不是嗎？

# 按照自己的方式生活

什麼是成功？思索了很久以後發現，成功不是財源廣進，也不是位高權重。用一句話總結成功，那就是能夠按照自己的方式快樂地生活，這就是成功。

你或許幻想過這樣的一番情景：你能夠擁有這樣的一個空間，你是那兒的主人，可以選擇自己喜歡的方式生活。那裡沒有紛爭，沒有暗箭傷人，你可以給親人和朋友提供快樂；傷心的時候可以大聲地哭，快樂的時候可以大聲地笑，這便是自由。追求自己的生活方式的本質就是追求人生的自由。

小敏現在有兩種身份：白天，她是一位朝九晚五的上班族；晚上，她便是一名自由作家，用筆名透過網路上發表小說，受到許多讀者的支持。

在規定嚴謹、做事一板一眼的日商企業上班，小敏白天需要坐在辦公桌前，與日方聯絡各種事宜，包括報價，與生產工廠聯繫，為公司尋找銷售通路等。這對曾經到日本留學好幾年的小敏來說，相當地勝任愉快。下了班回家，當小敏打開放在書桌上的電腦，她就進入了另一個完全不同的世界，裡頭多采多姿的奇異幻想、光怪陸離的故事設定，讓小敏天馬行空的想像力得到了充份發揮的空間。她熱愛幻想跟寫作，在從事這份工作時，她認為自己的人生非常充實。

小敏說道，她在大學時代就非常喜歡寫作，也曾經發表過不少文章，所以她將來或許會以寫書為主。在日本留學打工的時候，她曾為了到一家出版社的編輯部工作，放棄了薪水高出好幾倍的兼差；如今的小敏已經以筆名出版過三本奇幻小說。她說她寫書並不是為了出名，而是因為自己的喜好，她不想因為一些消極的社會輿論，而放棄她自己喜歡的生活方式。

也許，我們每一個人都應該從這位快樂的女士身上學習點什麼。首先就是對自己的肯定，無論別人說什麼，相信自己的選擇是對的；其次就是對自由的追求，不能因為外物而束縛了人生的飛翔，按照自己的方式飛，才能飛得更高、更遠、更快樂。

所以說，生活方式沒有貴賤之分，適合自己的，能讓自己快樂的才是最好的。追根究柢，生活就是人的存在形式，生活方式便是人的生活習慣。我們不能因為個人好惡而把某些生活方式抬得過高，而對另一些，則過於貶低。人和人之間是不同的，所以各自選擇的生活方式也應該是不同的。我們應該對別人的生活方式給予一定的尊重，這樣也保證了我們可以自由地選擇自己喜歡的生活方式，而不用背負那麼沉重的心理負擔。

人有時候總是強迫自己隨著別人的看法而改變，卻恰恰失去了自己最為真實、可愛的一面。不要過多地依賴俗世的看法，每個人都應該按照自己喜歡的方式去生活。因為生命本身才是最珍貴的，有什麼能比快樂的人生更值得你去爭取呢？生命是多姿多彩的，所以沒有什麼方式是絕對好的，自己喜歡，自己感覺自由和愉快那就是好的。

曾有一位抱著單身主義的朋友，他的選擇遭到了很多人的不解甚至排斥。當別人問他是否還會堅持下去時，他輕鬆地聳了聳肩說：「為什麼不要呢？我喜歡這種生活方式，我感到自由和幸福，這和他們的家庭幸福沒有本質上的區別。我不會強迫別人接受我的生活方式，但是我也不會強迫自己去改變，強迫自己去適應周圍人的生活。」用自己喜歡的方式去生活，這樣才算活出自我來吧？如果非要自己按照別人的方式來走，那或許更是一種不幸。

敢於按照自己的生活方式生活，也許只有這個時候，我們才不是被動的，也許只有這時候面對著自己的思想和感覺，才是真正地在做著自己。生活應該簡簡單單，按著自己的方式活著，才能在簡單的基礎上畫出五彩的圖案。

# 學會給自己減壓

面對社會，沒有一個人可以輕鬆地說，我沒有壓力。事實也是如此，生活競爭日益激烈，讓我們的壓力幾乎是無處不在。於是抑鬱、不健康、神經緊張、失眠等症狀也越來越多地走進了人們的生活。我們被頭痛、消化不良、精神不佳、失眠等痛苦折磨著，然而當我們真正走進醫院時，卻發現我們又沒有得什麼病症。這時候或許心理醫生可以告訴你真正的原因：該為你的心靈減肥了。

壓力，它讓我們每個人都感到緊張並且能夠不斷奮進。適當的壓力是理想的，它可以激勵我們不斷轉化前進的動力。但是近幾年的研究報告卻告訴我們，壓力過大已經不是少數人無法承受的現象了，越來越多的人成了過大壓力的受害者。

尤其對於年輕人而言，處於奮鬥時期的他們，往往處於一種焦慮狀態。過高的焦慮指數不但不利於成長，反而會妨礙工作和生活。對他們而言，壓力的來源有兩種，一種是工作壓力，一種是心理壓力，而往往是工作壓力的加重直接導致了心理壓力的升級。正常的壓力是好的，可怕的是重壓之下，個人的工作狀態就會受到負面影響，從而使心理問題也陸續出現。

小李從資工系畢業後在一家金融軟體公司裡做軟體工程師助理，很快地主管便分配給他一個較大的輔助程式，這個案子對他而言是很重要的：做得好就可能升職並加薪，否則會因為績效不佳而遭到指責。

接下這個案子以後，他不眠不休地查資料，讀程序，連續好幾周沒有放假，晚上即使睡覺也總是睡不安穩，幾乎到了廢寢忘食的地步。經過一個月的努力，他的工作終於到了尾聲，而他的健康同時也亮起了紅燈。在工作和心理的重壓之下，如此強壯的年輕人還是病倒了。

事實上，與小李面臨同樣困境的人為數還不少。如果不學會替自己減壓，那麼肯定也會走上類似的結果。面對壓力，首先要做的是不要懼怕，要學會把它看輕看淡；壓力無非是一種心理反應，它就如同紙老虎一般，你越是懼怕它，它反而越是強大；其次，減輕心中的壓力，關鍵就是要把自己的心態調整到平衡。在工作中遇到工作量大、難度非常的時候，要保持樂觀積極的心態，不能悲觀消極，這樣不但不利於工作的進行，反而會由於心理疲憊而延緩工作時程。

減壓不是放棄對工作、生活的認真程度，而是主觀地改變自己的心態，從而樂觀地面對它們的一種生活方式。嘗試給自己減壓，可以從以下幾個方向著手：

第一，尋找自己的休閒嗜好，透過那些令自己愉快的嗜好，能夠讓自己放鬆下來。

第二，學會合作和授權：每一個人的能力都是有限的，如果事必躬親，那麼不但壓力巨大，而且效率、成果也不見得好，所以當遇到巨大的工作量或者生活問題時，首先冷靜下來分析分析，是不是可以借助他人的力量完成，如果一股勁地傻傻地往前衝，是非常不明智的。

第三，學會休息。工作一段時間以後要學會放鬆，出去走幾分鐘或者閉目養神、聽聽音樂，不但有利於體力的恢復，而且還可以提高你的工作效率。

第四，積極地參加體育活動，身體才是打拼的本錢，一個健康的身體是快樂人生的前提。如果你已經感到壓力過大，或許可以考慮打一場籃球，考慮登一次山，考慮來一次遠足，這些都是既放鬆身心，又有利於身體的選擇。

人生下來不是為了工作，而是為了生活，所以無論多麼忙碌，也要為自己的生活保留出一小段時間。在這段固定的時間中，你可以放鬆地傾訴，緩緩地散步，哼一段小曲，聽一首歌，讓自己在這段閒暇時光中體會生命的美好，這樣你的忙碌才能更有價值。學會減壓，才會更加懂得如何生活。

# 幫助別人就是善待自己

贈人玫瑰，手有餘香。我們都不是萬能的上帝，很多時候我們需要別人的幫助，當然必要的時候我們也需要幫助別人。助人者，天助也，幫助了別人，就是善待了自己。可以想像，在一個大團體中，如果每一個人都幫助自己左邊的那個人，那麼繞了一圈之後，效果和自己幫助自己是一樣的，然而這個互助的團體卻比只會自助的團體要文明先進得多。因此當人類社會發展到現代文明階段，我們就應該有符合現代文明的做法：助人如助己。

赫本有一項非常有意思的記錄：她從沒看過心理醫生。一位叫史塔勒的醫生對此產生了濃厚的興趣。因為他常在深夜接到一些著名主持人和影視明星的電話，請他給予心理上的幫助。這些人都是衣食無虞，崇拜者如雲，看上去是世界上最幸運的一些人。史塔勒身為心理學家，很想從赫本這邊找到一些研究上的突破。結果他發現，赫本做過六十七次親善大使，在一九五六年到一九六三年間，她幾乎每個月都到碼頭監獄和黑人社區做義工。有次她謝絕了貝爾公司每小時五萬美元的慶典邀請，去醫院給一位小男孩做免費護理服務。史塔勒對這一發現很重視，他認為這裡面蘊藏著心理學方面的某種東西。他試圖推廣，對其他熱心公益的名人進行研究，最後發現，這些人很少有怪癖及不良記錄，他們和赫本一樣，幾乎沒有看過心理醫生。

從赫本的經歷我們可以發現這樣一個祕密：一個樂於從事公益活動的人，在幫助他人的同時，也讓自己的精神得到了慰藉，善待了自己的靈魂。

在別人遇到困難的時候，慷慨地伸出一隻手，傳遞給他一份支持，或許正是在幫助你自己。

二次世界大戰中的某天，歐洲盟軍最高統帥艾森豪在法國的某地乘車返回總部，參加緊急軍事會議。那一天大雪紛飛，天氣寒冷，汽車一路疾馳。在前不著村後不著店的途中，艾森豪忽然看到一對法國老夫婦坐在路邊，凍得瑟瑟發抖。

艾森豪威爾立即命令停車，讓身旁的翻譯官下車詢問情況。一位參謀急忙提醒說：「我們必須按時趕到總部開會，這種事情還是交給當地的警方處理吧！」其實連參謀自己也知道，這只不過是個推托之詞。

艾森豪堅持要馬上下車去處理，他說：「如果等到警方趕來，這對老夫婦可能早就凍死了。」

經過詢問才知道，這對老夫婦是去巴黎投奔兒子，但是汽車卻在中途拋錨了。在茫茫大雪中連個人影都看不到，正在徬徨無助的時候。艾森豪聽到

後，二話不說，立即請他們上車，並且特地先將老夫婦送到巴黎的兒子家裡，然後才趕回總部

此時的歐洲盟軍最高統帥沒有想到自己的身份，也沒有俯視被救援者的傲氣，他命令停車的瞬間，也沒有複雜的思考過程，只是出於人性中善良的本能。

然而，事後得到的情報卻讓所有的隨行人員震撼不已，尤其是那位阻止艾森豪威爾雪中送炭的參謀。

原來，那天德國納粹的狙擊兵早已預先埋伏在他們的必經之路上，希特勒原本認為盟軍最高統帥死定了，但他的狙擊計劃卻宣告失敗。事後希特勒曾經懷疑情報不準確，他哪會知道，艾森豪會為了救那對老夫婦於危難之中而改變了行車路線。

艾森豪的一個善念躲過了暗殺，否則第二次世界大戰的歷史或許將被改寫。善念不是想來就來，想走就走的，還要時時處處去積累儲存，才能在關

鍵的時刻不加思考地使用。

幫助別人就是善待自己，幫助別人也就是幫助自己，別人得到的並非是你自己失去的。在某些人固有的思維模式中，一直認為要幫助別人自己就要有所犧牲：別人得到了某些自己就會失去某些。比如幫助別人分擔了重物，你就可能消耗了自己的體力，耽誤了自己的時間。

其實，很多時候幫助別人並不是意味著自己就會吃虧。下面這個故事就生動地闡釋了這個道理：

一個生氣的男孩想對媽媽大喊「我恨你！」，但是他害怕受到懲罰，所以就跑出家門，來到山腰上對著山谷大喊：「我恨你！我恨你！我恨你！」沒想到山谷傳來回應說：「我恨你！我恨你！我恨你！」小男孩吃了一驚，跑回家去告訴媽媽說，在山谷裡有個可惡的男孩對他大喊恨他。於是媽媽就把他帶回山腰上並讓他喊：「我愛你！我愛你！」男孩按媽媽所說的做了，這回他卻發現有個可愛的小男孩在山谷裡對他喊著：「我愛你！我愛你！」

生活就像山谷回聲，你付出什麼，就得到什麼；你耕種什麼，就收穫什麼。每個人都不是孤獨地活在地球上，我們需要相親相愛，共同對一些困難與災害抗衡。或許天堂和地獄的區別便在此：地獄，一個自私自利、不為他人的空間；而天堂則是一個互利互助、充滿愛和關懷的花園。所以說，不要吝嗇你的舉手之勞，為別人摘一顆星星的同時，你也可以感受到它的閃耀照射。

# 再給自己一次機會

人非聖賢，孰能無過。人生就是從錯誤中不斷走來，最終達到真理的過程。所以沒有任何人的人生是完美的，犯錯是我們必經的環節。知錯能改，善莫大焉。只要錯誤能夠改正過來，那就是好的。很多人沉湎於過去，沉浸在失敗或錯誤中無法釋懷，這顯然是愚蠢的行為。很多時候，我們可以原諒他人的過錯，那麼為什麼反而對自己如此苛刻？善待自己，就再給自己　次

機會。

在人生的旅途中，有時候耕種或許收穫不到果實，汗水或許換取不到成功，這時你便輕易地放棄，輕易地對自己失望了嗎？付出與收穫的天平總是有一些誤差，成功的前面總是有一些失敗，如果我們因為一次的摔倒而放棄行走，那麼何時才能夠爬到終點？

失敗並不可怕，可怕的是放棄信心，放棄希望，甚至不留給自己一個再次奮鬥的機會。而看看成功的人，他們都有一顆堅持的心，跌倒了怕什麼呢？爬起來再給自己一個新的機會。

桑德斯在六十五歲時還身無分文，當他拿到生平第一張救濟金支票時，金額只有一〇五美元，但是他沒有抱怨，而是問自己：「到底我能對人們作出什麼貢獻呢？我有什麼可以回饋的呢？」

隨之，他便思量起自己的所有，試圖找出可為之處。頭一個浮上他心頭的答案是：「很好，我擁有一份人人都會喜歡的炸雞祕方，不知道餐館要不要，要是我不僅賣這份炸雞祕方，同時還教他們怎麼樣才能炸得好，那麼餐館的生意一定可以越做越好。」

桑德斯立刻展開了行動，他挨家挨戶地敲門，把想法告訴每家餐館：「我有一份上好的炸雞祕方，如果你能採用，相信生意一定能夠提升，而我希望能從增加的營業額裡抽成。」然而，很多餐館的老闆都很不客氣地拒絕了他：「得了吧，老傢伙，若有這麼好的祕方，你幹嘛還穿著這麼可笑的服裝，不要再騙人了，你還是回去養老吧。」

無數次的拒絕並沒有打擊他的自信，他給自己打氣，沒關係，他們都不知道我的炸雞祕方是獨一無二的，肯定會有人接納它的。對，再試一家，還有機會的。

執著的桑德斯最終得到了一家餐館的接納，那是他在被拒絕了一千零九次的時候，他終於聽到了一聲「同意」。這個餐館就是後來的肯德基，桑德斯上校也成為肯德基的創始人。

事實上，從我們降臨到這個世界上開始，便已經學會再給自己一個機會：我們學會了走路，學會了說話，學會了識字……然而隨著我們的長大，我們反而變得膽小，變得怯懦，我們害怕失敗，害怕挫折，甚至因為一個跌倒而再也爬不起來。

聯考失敗而選擇輕生的事件已經不是鮮聞，感情失敗而傷人傷己的事件也總是一次又一次地登上報紙，我們長大了，為什麼反而不成熟了呢？生命就一次，如此寶貴，可是很多人卻不會珍惜；失敗可以很多次，可又有很多人無法接受。

庸人總把「不成功便成仁」的調調放在嘴邊，於是當失敗的時候，只能在淚水中錯過了太陽，卻連星星也錯過了；智者相信「失敗乃成功之母」的格言，擁有「天生我材必有用，千金散盡還復來」的自信，因此他們會重新給自己一個機會，然後發現「柳暗花明又一村」。一個失敗的傷口並不能感染整個健康的人生，所以摔倒了就再爬起來。我們總在鼓舞他人要堅強，要對明天充滿希望，可是偏偏在自己的世界中忘了這條法則。不要再蹉跎時光了，請再給自己一個機會吧，即使你已經有過千萬次的失敗，即使你已被現實打擊得傷痕纍纍，可是只要生命猶在，信心猶在，那麼你精彩的人生還是會出現的。

# 給自己一個好的改變

每一個人現在所處的情況，正是以往生活態度所累積造成的，所以若想改變未來的生活，讓它更加順利，必得先改變此時的想法。倘若堅持錯誤的觀念，固執不願改變，即使再努力，恐怕也體會不到成功帶來的喜悅。所以，不要害怕改變，要勇於嘗試自己從未進行過的改變，在這個過程中你會體會到更大的快樂。

當你在一個安逸的環境中沉溺得太久時，一切都已成定式，你只是順著生活的慣性在走路，心中已沒有了追求事業和成功的熱切渴望。所有的東西都靜如止水，進入接近真空的狀態，曾經的稜角和銳氣也被磨平了。這樣的人是悲哀的，註定在事業上庸庸碌碌，一無所成。因此，明智的做法應該是從改變自己做起。一個人只有勇於改變，才能讓事業和生活的軌道脫離原來的固有模式，朝著新的方向馳騁。

一個人會改變，是因為自己經歷的多了，對事情的看法和做事的方式都會發生變化，但並不是每個人都會朝著理想的方向變化，有的人會因為一些挫折而自暴自棄，放棄了自己的夢想，成了生活的失敗者，潦倒度日；有的人則在生活的歷練中變得更加成熟穩重，更加淡定，對自己的信心越來越大，生活和事業也越來越活躍。為什麼人的變化會產生這麼大的不同呢？很大的原因在於，他們面對生活的態度不一樣，從所遇到的挫折中解讀出的內容不一樣。面對挫折，有的人不願作出改變，一味地怨天尤人，所以久而久之自

己的鬥志便被消磨殆盡；但是那些生活的強者，面對挫折會積極思考應對策略，讓自己變得更強，讓挫折在自己面前失去威力。所以他們始終能夠微笑著面對生活，成為別人羡慕的對象。

給自己一個好的改變並不難，只要你用心，只要你願意，就會讓自己變得更好更強，命運之神也會因此變得更加垂青於你。沒有人是天生註定就是成功的，偉人們也是在人生道路上不斷學習，不斷調整自己的步伐，讓自己向著好的方向轉變，最終才實現了自己的輝煌。

畢業於新聞編輯系的樂文選擇進入時尚雜誌社當助理，出乎很多朋友的意料，因為她的專業與時尚並不相關，另一方面是她的相貌平平，在美女如雲的時尚雜誌社裡，顯得格格不入；主編又是一個非常刁鑽的人，動不動就會炒助理的魷魚，所以這份工作對她是極大的挑戰。但是她並沒有因此就放棄了這份工作，而是選擇讓自己改變，讓自己在最短的時間內融入這個圈子。改變並不是口頭說說，是需要付出代價的，樂文犧牲了很多下班後和假日的時間，來整理自己並不熟悉的助理工作；而且她針對自己對時尚瞭解不多這點，結交了很多時尚圈的朋友；廣泛地閱讀時尚雜誌，提高自己對時尚的理解；在穿著打扮方面她也進行了很大的改善，同事們看著她如此認真努力，也慢慢地接受了她。兩年後，樂文已經成了一個神采奕奕、自信滿滿的編輯助理，而且舉止優雅，已經完全改變了自己剛開始涉足時尚圈時的那種青澀，主編對她也非常滿意。

說起自己的變化，樂文跟自己的朋友說：「人有時候不得不面對很多沒有預料過的環境，是讓環境適應你還是讓自己改變的更好去適應環境？我想很多時候選擇後者是一種更能生存的方式，因為大多時候環境很殘酷，不可能按你的意願變化，所以，我們能做的就是讓自己改變，適應環境。改變是需要付出代價的，要改變就要虛心學習，從周圍的人學習他們的優勢來彌補自己的短處，這樣才能讓自己變得越來越好。」

從樂文的身上我們看到改變帶給一個人的驚喜，所以，當面對挫折或者挑戰的時候，不要害怕顛覆自己已經擁有的東西，要勇敢地改變自己，讓自己朝著理想中的自己轉變，一個拒絕改變的人只能在原地徘徊，不可能欣賞到更美麗的風景。

# 自身的份量取決於自己

每個人都希望自己能夠得到上司的欣賞，得到同事的尊重，都希望自己的想法能夠得到別人的肯定與重視。是的，人們都希望自己在他人的心目中是有份量的，在自己所從事的領域中是有份量的。但很多時候，這個份量並不是別人給你的，而是你自己爭取的。一個人如果總是自卑，覺得自己的想法肯定不會得到別人的認可，那麼他就沒有勇氣向別人表達自己的看法，久而久之，別人就會把他當成是一個沒有主見的人，所以也不會有人再去詢問他的看法與觀點。如果一個人很有自信，或者說很看重自己，在一些事情上能夠說出自己的獨到見解，就會讓周圍的人形成良好的印象，時間久了，大家也就會越來越重視他的看法。

所以說，自己的份量是由自己來決定的。任何時候，都不要隨意看輕自己，一個不懂愛自己的人怎麼能得到別人的愛呢？往往只有自信的人才更容易得到別人的尊重和重視。

有一個寓言故事能夠讓我們有所收穫。

有天龍王與青蛙在海濱上相遇，打過招呼後，青蛙問龍王：「大王，你的住處是什麼樣的？」龍王說：「珍珠砌築的宮殿，貝殼築成的闕樓；屋簷華麗而有氣派，廳柱堅實而又漂亮。」龍王說完，問青蛙，「你呢？你的住處如何？」青蛙說：「我的住處綠蘚似氈，嬌草如茵，清泉汩汩，白石映天。」說完，青蛙又向龍王提出一個問題，「你高興時如何？發怒時又怎樣？」龍王說：「我若高興，就普降甘露，讓大地滋潤，使五穀豐收；若發怒，則先吹風暴，繼而打雷閃電，讓千里以內寸草不生。那麼，你呢？」青蛙說：「我高興時，就面對清風明月，呱呱地亂叫一通；發怒時，先瞪眼睛，再鼓肚皮，最後氣消肚癟，萬事了結。」

龍王的龍宮自然是令人羨慕的，豪華氣派，青蛙自然不會有這樣的環境，但是青蛙並未因此就覺得自己的環境是不好的，就一味地去羨慕龍王，相反的，它表現了自己的自信，讓龍王覺得它生活得同樣快樂，居住得同樣舒服。這就是勸解人們，人都是生而平等的，無論你貧窮或富有，都不應該看不起自己或者看不起別人。但是在現實生活中有很多人總是顧影自憐，覺得自己什麼都比不上別人，總是一副自卑的樣子，這樣怎麼能得到別人的尊重呢？記住魯迅的話吧：「不要把自己看成別人的阿斗，也不要把別人看成自己的阿斗！」

自卑的人往往愛慕虛榮，害怕被別人瞧不起，所以總是想盡辦法讓自己看起來高貴，看起來有地位，這樣的人往往更容易讓自己陷入困難的境地。

記得《項鏈》中的瑪格麗特嗎？那個虛榮而可憐的女人，為了參加一個舞會，向朋友借來了一條所謂的鑽石項鏈，就是希望自己不要被人看不起，的確，那天晚上她成了眾人矚目的焦點，但是一夜的狂歡之後，發現自己把那條「昂貴」的項鏈弄丟了，這對本來就不富裕的家庭來說，無異是雪上加霜，所以她付出了自己寶貴的青春年華來償還債務，當終於還清債務的時候，她才得知自己最初借到的項鏈是假的，根本不值多少錢。這樣的結局多諷刺啊！

瑪格麗特不懂得，人的高貴和份量豈是一條項鏈能帶來的？能不能讓自己有份量更關鍵的是看自己的態度，看自己把自己定位在一個什麼樣的位置上。富裕的生活的確讓人羨慕，因為可以做到很多窮人無法做到的事情，但是不富裕的生活就沒有樂趣可言嗎？就不能得到別人的尊重嗎？沒有必要為了滿足自己的虛榮心，刻意去做自己根本沒有能力做到的事情，只要自立、自強，生活得坦蕩，即使是貧窮一些，也不會有人看不起你。只要你自己能夠看得起自己，只要你願意為了自己的生活去努力，去打拚，這樣就足夠了。

一個人只有看重自己的份量，別人才會同樣看得起你，所以每個人無論能力大小、地位高低、條件好壞，都應該充分地自信，不應該自感矮人一截，這種平等觀念是每個人都應具備的。

# 自信照亮人生

俗話說：自信的人最美麗，這句話不無道理。自信是對自己的正面肯定，相信自己才能把自己表現得更好。由於自信，你可以保持樂觀的狀態，保持奮鬥的鬥志，正是這種衝勁，讓你勇往直前。你或許沒有漂亮的相貌，沒有迷人的身段，但是擁有自信便可以讓你成為一顆閃耀之星。

有些人似乎老是自我輕視，面對一切都是閃閃躲躲，不敢正視。不管去哪裡，總是坐到最後一排的角落裡，或者想盡辦法逃離人們的視線。但人的天性中，確實存在著這種令人鄙視的弱點。而真正有魄力的人能夠不斷突破這些，他們可以從容不迫地應付生活，不卑不亢地面對一切。那些勇敢的人，精神自由，思想獨立，昂首行走在人群中，過自己想過的生活。

愛默生說過：「如果一個人不自欺，也就不被欺。」你擁有堅定和自信的個性，總是能對自我和生活作出積極的、實事求是的評價，就可以不斷塑造自己的品格；就不會自欺欺人，同時也不會遭到別人的輕視或欺騙。在生活中，抬起頭來，不要無端地低估自己，你是天地間唯一的一個。

成功的人都是對自己有信心的人。來自哈佛大學的研究發現，一個人的成功有百分之八十五取決於有堅定的自信心，百分之十五取決於智力等其他因素。

拿破崙說：「信心的力量是驚人的，相信自己，一切困難都將不會是困難。」自信猶如一座明燈，它會在茫茫無邊的人生海洋中給你力量，也給你向前行的動力。試問，一個連自己都不相信的人，如何博得他人的信任？

關於自信帶來的奇蹟，美國著名的心理學家羅森塔爾教授設計了這樣一個實驗：他把一群小白鼠隨機地分成兩組：

A組和B組，並且告訴A組的飼養員說，這一組的老鼠非常聰明，你必須把它們訓練成為能夠走出迷宮的老鼠；同時又告訴B組的飼養員說他這一組的老鼠智力一般，恐怕難以完成迷宮的任務，盡力而為吧。結果幾個月後，發生了令人吃驚的結果：當他對這兩組的老鼠進行穿越迷宮的測試時，發現A組的老鼠真的比B組的老鼠聰明，它們被訓練成真的可以完成迷宮任務。

後來羅森塔爾教授又來到了一所學校進行心理測試。他依然是隨機地抽出了幾個學生，並告訴校長說，這些學生智商很高，告訴他們，他們不是普通人，他們一定可以取得異於常人的成績。

過了一年，羅森塔爾教授來到學校檢查測試結果。果然如他所料，那些所謂的天才兒童確實取得了傲人的成績。羅森塔爾教授這時才對校長說，事實上，自己對這些天才學生一點也不瞭解。校長很吃驚，問：「那為什麼他們會取得如此好的成績呢？」羅森塔爾教授笑著說：「這就是自信帶來的奇蹟。」

沒錯，自信帶來奇蹟，同時也照亮了人生。人沒有自信，做任何事情都不會成功。自信猶如助燃器，不斷地給你的人生增添燃料，它才能不斷地高飛。

世界著名的交響樂指揮家小澤征爾在一次大賽中，按照評委會給他的樂譜指揮演奏，但他敏銳地發現了不和諧的聲音，他覺得是樂譜有問題。但在場的作曲家和評委們堅持說樂譜沒有問題，他卻斬釘截鐵地說：「不，一定是樂譜錯了！」話音剛落，評委們立即報以熱烈的掌聲，這掌聲不僅僅是對他的音樂才能的肯定，更多的是對於他的自信的讚賞。

原來，評委們精心設計了一個錯誤，來測驗指揮家在發現樂譜錯誤的情況下，能否堅持自信。小澤征爾的自信表現不但給他的演奏加分，更為他的人生加分。

值得注意的是，自信和自負、自傲不是同樣的概念。自信的前提是瞭解自己，不作不切實際的相信。如果一隻雞信誓旦旦地說，我相信自己肯定能和老鷹飛得一樣高，這種言論大概只能遭到同類的嘲笑。自信是建立在實力基礎上的，不切實際的吹捧反而會使自己迷失了方向。

天生我材必有用，每一個人都有自己的優點，這一點是毋庸置疑的，每個人身上都潛藏著一股巨大的能量，或許不容易被人察覺，但是你自己得瞭解自己的這股能量，在這股巨大能量的發揮下，你才可以克服掉自卑或怯懦，從而完成身為良才的角色。

也許你會失敗，也許你正處於貧窮之中，但是，你都要堅信自己神聖的權利，昂起頭，勇敢地面對世界。無論遇到任何困難，都要堅定向前，其實在充滿自信和勇氣的你面前，這些都算不了什麼的。要堅信：自己生來就是為了完成這一個任務。

如果連你都懷疑自己的能力，那麼沒有人會相信你。要發揮自己所有的才能，激發自己所有的潛力，去承擔生命中的重大責任。

不管過去經歷過多大的失敗，它們都不能把你今天的信心抹殺。我們的人生就是一場不斷和挫折作鬥爭的過程，自信是這場鬥爭中最堅實的盾牌，也是最鋒利的長矛，我們只有抓住這把武器，勝利的人生才屬於我們。

# 好心態才有好命運！

# 4

# 面對非議，生氣不如爭氣

社會是一個整體，人作為這個整體中的一員，就必然要與他人打交道，在與人打交道的時候，應該學會忍受他人的懷疑、嘲笑、誹謗、侮辱、妒忌，還要耐得住寂寞。只有懂得忍耐的人，才可以厚積薄發，快樂地生活一輩子。

# 自信讓懷疑不攻自破

在這個競爭激烈、高手如雲的社會裡，無論是在生活還是在工作中，不可避免地會受到他人的懷疑，懷疑你是否有能力達到那個位置，懷疑那個提議是否真是你想出來的，懷疑正是你在扯後腿讓他沒有辦法得到想要的一切……在這樣的社會裡，沒有人能夠真正做到「歸隱山田」，沒有人能夠真正地遠離這樣的是非之地，而不受到他人的懷疑。即使你再偉大、再成功，也依然會經歷被人懷疑的階段，關鍵是當你碰到這種懷疑的時候，你選擇用什麼樣的方式來面對，是相信別人的懷疑，讓自己在那樣的懷疑中再也抬不起頭，還是懂得忍受懷疑，懂得相信自己呢？只有那些敢於頂住他人懷疑，始終相信自己的人，最終才可以有所成就。

在現實生活中，我們身邊就有許多因為無法承受住他人的懷疑，最終在懷疑中無法走出來，永遠讓自己沉浸在懷疑陰影中的人。如報紙上報導某男子因不堪忍受被人懷疑是小偷而跳樓身亡，想想這值得嗎？因為別人空穴來風的懷疑就讓自己的生命隨風而去，難道在別人的心中，小偷這個字眼會因為你跳樓身亡就消失了嗎？沒有人會把你當英雄，會認為你是為了證實自己的清白而喊冤自殺，反而會認為你是做賊心虛，你是沒有膽量面對人生中的一點點挫折。的確，要頂住別人的疑問需要很大的勇氣，但你要相信，如果你可以頂住這樣的懷疑，就可以在這樣的忍耐下讓那些懷疑不攻自破。而要想忍耐住他人的懷疑，首先應該做到的就是相信自己，這句話說起來很容易，但真正做起來卻不容易，在平常的時候要想堅信自己的想法、自己的觀點都不是很容易，那麼當你被人所質疑的時候，就需要更大的勇氣去相信自己。一個人如果連自己都不相信自己，又怎能做到讓別人相信你呢？要知道自信心是一個人頑強生存、頂住他人懷疑、以及事業成功的基礎，如果連你都不相信自己了，那無須別人的懷疑，你就已經給自己戴上了枷鎖。而如果你相信自己，就應選擇正確的方式，在生命中不斷地向他人證實當初的懷疑是錯誤的。一個能夠頂住懷疑，並證明自身價值的人，才可以在以後的生活中為大家所敬佩。

如果說人與人之間在社會生活中容易產生懷疑，是一件難以完全避免的事情，那麼，你面對客觀存在著的這一現象，既不應當迴避它、懼怕它，也不應當視而不見，聽而不聞。正確的態度是要承認它、認識它，科學地對待它。俗話說：「不做虧心事，不怕鬼敲門。」如果你真的沒有做的話，又何必擔心他人的懷疑呢？要知道什麼事都會有水落石出的一天，關鍵在這之前，你是否可以忍受住別人的懷疑，是否可以在指責他人的懷疑之前，先想一想為什麼他就懷疑我不懷疑其他人呢?這樣你就可以有選擇性地對他們的懷疑加以論證，從而讓他們發現是懷疑錯了，因此你要做的就只是堅信自己，不要因為別人的懷疑，就改變自己的想法，那樣只會讓別人加深對你的懷疑。如果你沒有辦法忍受住別人的懷疑，那麼所有的苦惱、慚愧、憂鬱、不安等都會接踵而來，此時你就更無法從他人懷疑的泥濘中跳出來。抱著堅信自己的態度，當別人發現自己懷疑錯了之後，就更會敬佩你面對懷疑時的態度，這樣所有的懷疑都會煙消雲散，你也就獲得了自己的清白，同時也讓自己的自信心得到了加強。

面對他人懷疑時最高明的辦法是用真誠去換取信任，切莫犯下「以毒攻毒」的錯誤。人與人之間相處，莫過於真誠的可貴。有了真誠就能贏得信任。如果你對別人的懷疑也採取懷疑的態度，以疑對疑，那麼，懷疑非但不能消除，還會產生新的不信任情緒。他懷疑你偷了東西，你懷疑他誣陷好人，短

兵相接，針鋒相對，其結果只能是擴大裂痕，說不定，即使人家已經找到了失物，還會對你耿耿於懷呢。

無論在生活中還是在工作中，我們都會碰到他人的懷疑，此時切不可以疑對疑，這樣只會讓別人以為你虧心，而且這樣做沒有任何好處，別人會因為你的生氣就取消對你的懷疑嗎？如果不會，為什麼要讓自己生氣，讓他人開心呢？何不以一種樂觀的態度面對一切，用自信心為自己撐起一片保護的天空，用自信心幫自己頂住他人的懷疑，讓自己在這樣的保護下證明別人的懷疑是錯誤的？那麼當那一天真的來臨，當對你的懷疑真的全部煙消雲散時，你就已經成功地讓自己在一個快樂的環境中證實了自己，也讓自己在一個快樂的環境中不斷成長；當你以真誠面對他人的質疑時，當懷疑被澄清時，你就可以得到他人的崇拜目光。而在這樣的忍耐中，在這樣的自信中，你必然可以戰勝一切困難而成就一番事業。

# 走自己的路，讓別人去說吧

「走自己的路，讓別人去說吧」，這是但丁的名言，他也用自己的一生詮釋著這句話。

但丁青年時代就加入了代表市民階級的歸爾弗黨，積極參加反對封建貴族的鬥爭。後來歸爾弗黨分裂為黑黨和白黨，紛爭不已。但丁從維護佛羅倫薩獨立、自主，反對教皇干涉內政，建立統一的義大利國家出發，譴責黑白兩黨之爭。一三〇二年，代表教會反動勢力的黑黨得勢，以貪污和反對教皇為罪名，判處但丁終身流放，沒收其全部家產。在近二十年的流放生涯中，但丁始終堅持走自己的路，堅持自己的政治理想，不向反對勢力屈服，斷然拒絕佛羅倫薩統治者要他繳納罰款，宣誓懺悔，以獲得赦免的要求。一三二一年，這位不朽名著《神曲》的作者，客死於維隆納，但他的聲名以及這句擲地有聲的名言，仍久久流傳。

當自己所做的事沒辦法被人認可，而受到他人嘲笑時，只要你自己認為是正確的、是值得你為之努力的，那就將但丁的話作為你的座右銘吧，忍受他人的嘲笑的話，堅持自己所應該做的，走自己的路吧，在這個時候你需要我行我素，需要相信自己。

人生最難以忍受的是什麼？也許有人會說是貧窮困苦、飢寒交迫，但實際上呢？人生最難以忍受的是：嘲笑和蔑視！一個人走在被嘲笑和蔑視的人生低谷時，你的自尊心會面臨著挑戰，到底是依然堅持自己所堅持，走自己的路，還是真如別人所說，放棄自己的想法，順應別人的嘲笑呢？真正的強者會選擇第一條路：走自己的路，用自己的成功來證明當初嘲笑你的人的愚笨，用你的成功來證明你的堅持是正確的，這樣的人才可以在別人的嘲笑中不斷磨礪和鍛鍊自己，才會讓自己逐漸成熟，才會讓別人的嘲笑成為你奮鬥的動力。

在一個高中的運動賽場上，臨近比賽時選手們陸續到場，其中一個高個子男孩，不知怎的，居然穿了兩隻不同的襪子，一隻紅色的襪子和一隻白色的襪子極為可笑地裹在他細長的小腿上，又滑稽又笨拙。因為緊張，他並沒有注意到別人在嘲笑他，跳遠比賽的結果是那位男同學奪得冠軍，他快速變動的兩隻襪子在騰空躍起時，在空中劃了兩條優美的弧線，落到了沙坑最遠的地方。一時間，那兩隻不同色澤的襪子彷彿成了勝利的旗幟、成功者最具個性的標誌，顯得極為生動而獨特。

這個故事裡，或許是由於那個男孩沒有感覺到別人的嘲笑，他才可以坦然地面對，才可以成為冠軍，但從另一方面來看，同樣可以告訴我們：如果你可以戰勝別人的嘲笑，用自己的成功去面對他們的嘲笑的話，那嘲笑就可以迅速為敬佩、驚訝所取代。

用自己的做法向他人證實他們的嘲笑是錯誤的，堅持著自己的做法，不要因為他人的嘲笑，就輕易地改變自己的做法及想法，這樣的你才會更值得他人敬佩。一個沒有辦法堅守自己的觀點、做法，在別人的議論聲中不斷改變自我的人，怎麼可能安下心來做一件事呢，最終只會成為一個朝三暮四的人，從而碌碌無為地終其一生。

要知道如上面那個小男孩的事件其實隨處都有，因為身份地位的不同，同一件事情就會得到不一樣的結果，也許你這樣做會被人嘲笑，而不這樣做則為世人所景仰。比如一個收入不高的人把盤子吃得乾乾淨淨，就會被嘲笑為寒酸，而一個富翁這樣做，卻被認為是簡樸的美德；一個普通人走錯了家門，人們笑他智商低下，而同樣的錯誤出在某個科學家身上，則成了專注的標誌；名不見經傳的男人如果放著家裡的妻子又去追逐新的愛情，是道德和作風問題，在在那些名人中卻是活力與魅力的最好解釋……也許在這樣的例子推動下，你就可以不會因為他人的嘲笑，而抬不起頭來，如果你無法忍受他人的嘲笑，而與他人爭執起來，讓自己處於生氣之中的話，到最後別人的嘲笑不會減少，而你又多生了一肚子氣，何苦呢？人生短短，為何要讓自己因為別人的嘲笑而影響心情，這只是懦者的做法。勇敢的人會坦然面對他人的嘲笑，而在以後的生活裡不斷地努力，讓自己有所成就，用自己的成功讓當初嘲笑你的人目瞪口呆

正如英國哲學家伯特蘭羅素所言：「對付貧窮要有勇氣，忍受嘲笑要有勇氣，正視自己營壘裡的敵對者也要有勇氣。」忍受著指責、抱怨、嘲笑，卻還日復一日、月復一月、年復一年地不斷努力，的確很不容易，但你要堅信，忍受的結果肯定比不忍受，肯定比在別人的嘲笑下改變自己要好，這樣你就會有動力去堅信自己，才會在別人的嘲笑、在大風大雨裡成就你的輝煌。

在醜小鴨的故事裡，它沒有辦法忍受其他鴨子的嘲笑而離家出走。因為是童話，所以作者給了它一個好的結局，原來它是一隻天鵝，所以才會為其他鴨子所嘲笑。但如果醜小鴨能夠忍受住鴨子們的嘲笑，努力學習，堅信自己一定可以成為一隻優秀的鴨子的話，其他鴨子的嘲笑也就自然會消失了。在我們的現實生活中，也會像醜小鴨一樣遭到嘲笑，但不可能會有它那樣的奇遇，因此，我們只有忍住別人的嘲笑，將這樣的嘲笑轉化為一種動力，用於開發我們所堅持的事情上，只有透過自身的努力，才有可能成為一隻「天鵝」，展翅飛翔於藍天之上。

# 微笑讓誹謗者無地自容

子張問孔子：「老師您常講，做人要明智，不要糊糊塗塗、昏昏沉沉。可是，要怎樣做才算明智呢？」孔子說：「暗中的讒言，直接的誹謗，在你那裡都行不通，就可以說是明智了；暗中的讒言，直接的誹謗，在你那裡都沒有一點用處，就可以說你站得很高、看得很遠了。」子張說：「老師，我明白了，堅持正義，明智之舉，必須時時做到才行。」

這樣的對話就在告訴我們，雖然讒言和誹謗是兩支傷人的毒箭，但只要你站得高、看得遠，這樣的誹謗對於你而言將沒有任何意義；所謂的站得高，看得遠，即堅信自己，不要因為別人的誹謗，就放棄自己的原則，這是一種愚蠢的行為。

在面對他人的誹謗時，不要盡力去向他人解釋澄清，這時的解釋澄清對於你而言有時候只會起到相反的作用，聰明的人懂得用微笑來面對這樣的誹謗，懂得用自己的行為去面對誹謗，讓這些誹謗在時間及自己的行為中不攻自破，這才是一種大智慧，才是一種更高的境界。

在生活工作中，時時會受到他人的誹謗，認為你沒有能力成為他的上司，認為你沒有能力得到那份工作……因而四處散佈謠言，到處誹謗你，此時你怎麼辦？是用自己的權利讓別人相信？或者是與他人爭吵起來？這樣的方式能夠讓別人的誹謗消失嗎？答案當然是否定的，那麼此時你就應該分析誹謗你的人的目的到底是什麼，他們的共同點其實都是希望在這樣的誹謗下你會一蹶不振、臭名遠揚，如果真的是這樣的話，你所需要做的不再是與那些人硬碰硬，不是真的順他們的意讓自己生氣，相反的，你應該讓自己一直都活在開心快樂中，在這樣的開心快樂中，再用自己的實力來找到最強而有力的方法來為自己闢謠。比如用實際行動證明對方的話純屬污蔑，但是要注意不能用武力解決問題，因為如果這樣，別人將不會注意到你的受害者身份，反而會認為那些誹謗是真實的；更不可取的是有些人一旦受了誣陷，就整天以淚洗面，或者吵吵鬧鬧，這些人都是生活的弱者，最終會被逐出局。其實正如現今的娛樂圈一樣，誰能相信那些娛樂雜誌上的誹謗呢？聰明的藝人會懂得用時間的力量來為自己闢謠，而不是一直在雜誌上解釋什麼，如果你那樣做了，反而會讓人們覺得你心裡是有所虧欠才會一直不斷解釋。其實如果有個人不停在外面造謠誹謗，大眾聽多了只會對其反感而已，而沉默的人也容易獲得原諒。你要相信，謊言終究是會被揭穿的，真相一定會大白。

如果我們沒有違反社會公德，如果我們對自己的行為問心無愧，那麼，

我們應該做到：面對現實生活中或網路世界裡冒犯我們的人，面對無中生有、顛倒是非、誇大其詞的攻擊或誹謗，我們無須浪費太多精力來反擊，因為我們的風度自會加以解釋與辯護。而攻擊、誹謗我們的人，言辭越惡毒強烈，其人品越被人不屑一顧，所付出的代價越沉重，因為公眾的眼睛是明亮的，是非自有公斷。

只有真理和事實能夠永垂不朽，其他都經不起時間的考驗！如果能夠做到這一點，我們的心靈將會得到清淨、得到昇華。此外，對於攻擊或誹謗我們的言辭，即使是無中生有的，至少也要稍加留意，應該在攻擊、誹謗者的身上得到對我們有用的成分，用來培養自己的美德與完美人格。所以，對於任何攻擊、誹謗，我們要靜心思考，然後一笑置之。

有人尊重你，就會有人因為各式各樣的原因看你不順眼，無中生有的給你捏造一些莫須有的罪名，特別是在一些大團隊，因為你的優秀掩蓋了另外一些人的才華，難免會有人想出各種毒招來陷害你，怎麼辦？一一應對？那正中對手下懷，你還有精力去做其他的正事嗎？嫉妒你說明你某個方面比他們強，私底下高興吧，何苦跟他們生氣呢，別忘了生氣是用別人的錯誤懲罰自己。對誹謗的最好回答，就是無言的蔑視和一笑置之。

俗話說：「不遭人嫉是庸才。」如果你被人誹謗，正說明你的某些優勢正在被人嫉妒。

羅斯福是美國歷史上最能幹的總統，但他在位時，卻有百分之八十五的報紙在批評他。羅斯福把罵他的報紙剪貼起來，每次友人來訪，便拿出給朋友看：「你看，他們又在罵我了。」

一般人遭受了誹謗，總是非常憤慨，唯有涵養到家的人，才能一笑置之。一個人無端地受到誹謗，心裡自然感到彆扭，但如能抱著「有則改之，無則勉之」的態度，則未嘗不是有益的。如果把自身修養得無懈可擊，那麼就是存心毀謗的人也會認為無從下手。

聖人曰：「我輩凡俗。」所以自然不必因此而耿耿於懷。世事豈能都盡

如人意，但求無愧於心，更不必為止謗而削足適履。人生的道路是曲折坎坷的，對於榮辱、富貴、貧窮、誹謗、嫉妒、酸楚等種種誘惑和考驗，一笑置之，那麼你就得到解脫了，心理就平衡了。忘卻有害無益的人和事吧，保持心理的平衡。

# 做到大智若愚

在理想的烏托邦社會中，我們每個人都為別人的成功而歡呼，虛心向賢能者學習。但誰都知道，真實的生活並非這樣。古來就有「樹大招風」的說法，的確是這樣，你表現得太招搖，就會有人誹謗你，攻擊你。所以，即便是自己心中有明鏡，也沒必要表現出來，外愚內智，心中有數就行，不用非得做到「行高於眾」。

這樣的事情在每個場合上都是適用的，政治上、商場上……成功可以，但是不要太過招搖了。古人訓練鬥雞中最好的狀態是「呆若木雞」，這並不是真正的呆子，只不過是內斂而已，我們也要學會這種內斂的品質。

在古往今來的政治風雲中，有些時候，裝瘋賣傻可以在大難臨頭時幫你逃避危難、保全自身。

古代著名的軍事大師孫臏，遭到龐涓暗算後，身陷絕境。然而孫臏沒有向惡勢力妥協，他決定裝瘋賣傻，藉此麻痺龐涓的警惕之心，然後再想辦法逃脫。

一日龐涓派人給孫臏送晚餐，只見孫臏正準備拿筷子時，忽然昏厥，一會兒又嘔吐起來，接著又發起怒來，睜大眼睛亂叫不止。龐涓接到報告後親自來查看，只見孫臏痰啖滿面，趴在地上大笑不止。過了一會兒，又號啕大哭。龐涓何等狡猾，為了確認孫臏是不是真的瘋了，就命人將他拖到豬圈中，孫臏披髮覆面，就勢倒臥豬糞污水裡。

此後龐涓雖然半信半疑，但對孫臏的看管卻沒有以前那麼嚴了。孫臏也終日狂言妄語，一會兒哭一會兒笑，白天混跡於市井，晚上仍然回到豬圈之中。過了一些時日，龐涓相信孫臏表現出的「傻氣」，確認孫臏真的瘋了。孫臏這才在不久後得以逃出魏國。

這也就是所謂的「扮豬吃老虎」，裝作愚鈍的樣子才不會讓別人覺得壓力很大，才會讓別人安心與你合作，才可以給自己更大的空間。

春秋時期，楚王請了很多臣子們來喝酒吃飯，席間歌舞曼妙，美酒佳餚，燭光搖曳。同時，楚王還命令兩位他最寵愛的妃子許姬和麥姬輪流給他的屬下敬酒。

忽然一陣狂風刮來，吹滅了所有的蠟燭，漆黑一片，席上一位官員趁機揩油欲一親芳澤，摸上了許姬的玉手，許姬一甩手，扯斷了他的帽帶，匆匆回到座位上並在楚王耳邊悄聲說：「剛才有人趁機調戲我，我扯斷了他的帽帶，你趕快叫人點起蠟燭來，看誰沒有帽帶，就知道是誰了。」

楚王聽了，連忙命令手下先不要點燃蠟燭，卻大聲向各位臣子說：「我今天晚上，一定要與各位一醉方休，來，大家都把帽子脫了痛快飲一場。」

眾人都沒有戴帽子，也就看不出是誰的帽帶斷了。後來楚王攻打鄭國，有一將領獨自率領幾百人，為三軍開路，過關斬將，直通鄭國的首都，而此人就是當年揩許姬油的那一位。他因楚王施恩於他，而發誓畢生忠於楚王。

這就是裝作糊塗的好處。當有人調戲自己的妃子時，卻作出了令那位調戲者也沒有想到的決定。楚王之所以當時能夠順利地平定內亂，奪取霸業，成為春秋「五霸」之一，這與他的寬容大度、小事糊塗、善於籠絡部屬是緊密相連的。

聰明是好的，但是我們也常常聽到這樣的話，說聰明反被聰明誤，就是這個樣子，有些人老是喜歡要自己的小聰明，不安心做事，又怎能有收穫？

一八六二年，德國哥丁根大學醫學院的亨爾教授在對新生進行面試和筆試後，臉上露出了笑容，但他馬上又神色凝重起來。因為他隱約感覺到，這屆學生中有很大一部分的人，是他教學生涯中碰到的最聰明也最有天份的。

開學不久的一天，亨爾教授突然把自己多年纍積下的論文手稿全部搬到教室裡，分給學生們，讓他們重新仔細工整地抄寫一遍。

但是，當學生們翻開亨爾教授的論文手稿時，發現這些手稿已經非常工整了。幾乎所有的學生都認為根本沒有重抄一遍的必要，做這種沒有價值而又煩冗、枯燥的工作是在浪費自己的青春和生命。

他們的結論是，傻子才會坐在那裡當抄寫員。最後，他們都去實驗室做研究去了。讓人意想不到的是，竟然真有一個「傻子」坐在教室裡抄寫教授的論文手稿，他叫科赫。

一個學期以後，科赫把抄好的手稿送到了亨爾教授的辦公室。看著科赫滿臉疑問，一向和藹的教授突然嚴肅地對他說：「我向你表示崇高的敬意，孩子！因為只有你完成了這項工作。而那些我認為很聰明的學生，竟然都不願做這種繁重、乏味的抄寫工作。」

「我們從事醫學研究的人，不光是需要聰明的頭腦和勤奮的精神，更為重要的是一定要具備一絲不苟的精神。特別是年輕人，往往急於求成，容易忽略細節。要知道，醫理上走錯一步，就是人命關天的大事啊！而抄那些手稿的工作，既是學習醫學知識的機會，也是一種修養心性的過程。」教授最後說。

這番話深深觸動了科赫年輕的心靈。在此後的學習和工作中，科赫一直牢記導師的話，他老老實實做最傻的人，一直保持嚴謹的學習心態和研究作風。一九〇五年，鑑於在細菌研究方面的卓越成就，瑞典皇家學會將諾貝爾生理學與醫學獎授予了科赫這位「最傻的人」。

無疑，科赫就是一個外愚內智的人，看起來毫無用處的工作，別人都不屑去完成，只有他知道抄寫這個過程是訓練一絲不苟精神的一種方式，所以會認認真真地完成。科赫傻嗎？答案當然是否定的。由此看來，外愚內智，才是「大智」。

「扮豬吃老虎」的道理運用了幾千年，這樣的愚鈍讓你接近成功，所以你也要學會它。

# 大丈夫能屈能伸

巴爾扎克曾經寫道：「世上所有德行高尚的聖人，都能忍受凡人的刻薄和侮辱。」面對他人的侮辱時，你是否可以做到這一點，可以忍一時之侮辱好成就以後的輝煌呢？強者自言：「越是有人打擊我，我就越堅強；越是面對惡毒的人，我就越懂得感謝。」大丈夫能屈能伸，面對侮辱，心甘情願地笑納了，仍然可以作為大丈夫，只取決於在接受了侮辱、在委屈了之後，你是否還可以如被切斷的蚯蚓一樣再次活過來。如果可以，你就能成為一個勇者，為世人所敬仰，否則的話，你將永遠只是一隻縮在殼裡的蝸牛，不能勇敢地面對外界的壓力。

國父歷經了十次革命才成功建立民國，在他的一生中不斷遭受到大大小小的挫折，試想，只要他在任何一次挫折面前為了尊嚴、忍不住侮辱而捨去自己的生命，就不會有現今民主開放的新時代了；司馬遷受了酷刑以後，發憤寫《史記》，如果他當初不甘忍受如此大的侮辱而選擇輕生，還會有流芳百世的巨著《史記》嗎？他們的成功，他們為後世所作的貢獻，正是出於他們能夠坦然地面對侮辱，能夠做到能屈能伸。

而同樣的歷史人物，如世人皆醉我獨醒的時候，可以像屈原那樣投江自盡，以示自己的清白，但他也可以忍受住眾人的侮辱而活下去，做到出淤泥而不染，也許這樣的屈原會更受人尊重，也可以為歷史再添輝煌；而項羽，因為無法面對江東父老，沒有辦法忍受他人的侮辱，而最終在烏江邊拔劍自刎，試想，如果他當時能夠拋下所謂的面子，能夠忍受住別人的侮辱，那麼終有一天他可以重過烏江，那麼歷史就要發生極大的變化……

沒錯，這些無法面對嘲笑的歷史人物依然存在著值得我們敬佩的地方，但如果他們能夠忍住侮辱，能夠做到大丈夫能屈能伸，就可以創造更多的奇蹟，就可以成就更多的輝煌，就總會有東山再起的時候。可惜他們沒有做到，而是選擇了逃避，選擇了死亡來面對別人的嘲笑，選擇把最好的印象留在世人的眼裡，但這些對於死人而言已經沒有任何意義。

有人說，男子漢大丈夫，怎麼能夠不要面子呢？怎麼可以任人侮辱而不作出反應呢？那麼到底什麼是大丈夫的面子呢？到底怎樣才是對於侮辱正確的反應呢？是在面對別人的侮辱時與人大打出手，還是完全地埋葬在別人的陰影之下？很顯然這些都不是正確的策略，強者懂得在受到侮辱時，微笑面對，而默默在暗中努力，用自己的行動來讓這些曾經侮辱你的人後悔，讓他們嘗嘗嘲笑他人的後果。

越王勾踐就是一個很好的例子，越王勾踐臥薪嘗膽，苦身焦思，忍辱負重，終滅強吳，北觀兵中國，以尊周室，號稱霸王。這千古美談，無人不知，無人不曉。越王勾踐之所以能稱霸，除了有賢臣良將的輔助之外，當然也與自身的素質有關。勾踐三年，吳國敗越於夫椒。越王無奈，令五千餘兵保全國家於會稽。另為取信於吳，勾踐自請為臣，妻為妾，卑辭厚禮以遣吳，並願屈身侍之。勾踐在親自服侍吳王夫差期間，對吳王唯命是從，百依百順。即使是讓他去做一些卑賤的工作，也絕無二言。他默默地忍受侮辱直到他的忠誠贏得吳王的信賴，把他送回到會稽山為止。

一個君王為什麼能這樣忍受敵國的百般凌辱，而且是自己情願前去？不是為別的，因為他懂得真正的大丈夫應該是能做到能屈能伸，應該是能夠頂住別人的侮辱，而從這樣的侮辱中找到自己活下去的動力，讓當初侮辱你的人嘗嘗侮辱你的滋味，而吳王後來的確嘗到了而且後悔不已。這就告訴我們，相對於你心中的理想而言，一點點的侮辱又算得了什麼呢？如果忍受這樣的

侮辱，可以讓你有一天以成功者的姿態站起的話，那就不要拘這樣的小節，讓這樣的侮辱成為你奮發圖強的動力。只有在人生的大是大非、大起大落，在他人的侮辱面前，仍能把握好人生的船舵，這樣的人生才是有價值的人生。

「有人辱罵我，分明了了知。雖然不應對，卻是得便宜。」這是唐代著名的和尚詩人寒山的一首詩。這首詩所表達的內容，充滿了為人處世的機智。平白無故地被人辱罵，當然很不樂意。但你應該知道，這種張口就罵的人，一般都沒有修養，沒有風度，有什麼必要與他們一般見識，爭論不休呢？忍辱求和、受辱不怨，既是一種處世方法，也是一種高尚情操。

告訴自己要有承受力，要能忍受侮辱，不管侮辱來自主觀或是客觀，要達觀樂天，一笑置之；要有忍耐力，忍耐有形無形的各種壓力；要有彈簧精神，能屈能伸；要有自制力，在被侮辱或承受委屈的時候，心中縱有怒火熊熊，臉上依舊淺笑盈盈，保持心態和諧穩定，維護身體健康發展。人的生命只有一次，短短幾十年光陰，不應該逞一時之氣而放棄大好光陰。如果連生命都沒有了，還談何尊嚴，還談何受侮辱呢？小不忍，則亂大謀。不成熟、沒有心計的人才會這麼做。成熟的人在受了羞辱後，能把它化為動力，從另一個角度鞭策自己，使自己進步，這樣的人才是大智大慧之人。

# 堅持做到最好

我們每一個人都生活在這紛繁複雜的社會中，它既不像天堂般美好，也非地獄般可怕。但是，卻有很多的東西，我們必須學會去忍受。忍受嫉妒就是其中之一。

你才能出眾，你比別人人緣好，周圍的人便會嫉賢妒能，盡挑你的不是，拿你的缺陷在大眾面前公開唾棄，以慰藉他們失落的心情，證明只是自己沒有碰到伯樂。嫉妒扭曲了人性，扭曲了靈魂，扭曲了人的正常情緒。這時，你需要忍受，這樣，那些說你的人感到自己總算勝了你一回，得意了，一切嫉妒也就會終止於此，而不會再有任何擴大的可能性，同時你也可以得到他人的尊重。要知道嫉妒是魔鬼，很容易使自己身陷泥沼，蒙蔽那本就淺薄的內心，更會使人忘記奮鬥，要像忍受孤獨和痛苦那樣忍受嫉妒，用時間和努力來粉碎它。

所以，當你面對他人的嫉妒時，要學會忍受。在社會的每一個群體中都會有嫉妒心強的人，他們在實際工作中不願付出努力，而是處心積慮地打擊那些憑自己實力作出成績的人，這些人看到別人作出成績時總會感到憤憤不平，想當然地認為理應屬於他的東西卻歸你所有，心裡很不平衡。於是，心懷不滿，對於你所得到的東西，他們也想要，除非你能消除他們這種情緒，否則他們將竭盡全力打擊報復你。一旦他們行動起來，即使你是無辜的，恐怕也將或多或少地受到傷害。

在嫉妒面前，不少人放棄自己的追求，使自己停留於平凡，甚至是落後。有些人在嫉妒的壓力下，不得不縮回自己才剛剛施展開的手腳，壓抑自己的抱負和理想，從而在這種嫉妒的壓力下垮下來。或許你這樣將自己的才能隱藏起來，就可以讓別人的嫉妒之心有所收斂，但俗話說得好，「人爭一口氣，佛爭一炷香」。難道你甘心永遠平凡，甘心自己的抱負和理想永遠無法實現？是的，沒有人甘心平凡，沒有人願意自己的理想永遠只是理想，那麼你就應該成為一個強者，一個勇於面對別人嫉妒的強者。真正的強者是不應被這些小人的嫉妒所打垮的，一定要學會忍受他人的嫉妒，我們可以把別人的嫉妒當成是自己的一種榮幸和驕傲。應該要知道，他們的嫉妒，以及由這種嫉妒所造成的種種指責和攻擊，都是以變相的方式在表達自己的無能，也就是說，這種嫉妒實際上是以一種比較極端的方式，透過貶低他人的成功和長處，來掩蓋和彌補自己的缺陷和不足，也可以說它是對你的成績的一種負面形式的肯定，而並不是一種真正的、客觀的批評。正因為這樣，你完全不必介意和在乎這些嫉妒，反而應該非常坦然和自豪地與之相處。將別人的嫉妒看做是對自己的肯定，才能夠以平和的心態面對他人的嫉妒，才能夠以平和的心態去繼續你的事業。

這個世界很複雜，而作為其主體的人也就更複雜，為什麼有的人就是那麼小心眼呢？為什麼就不能心胸寬闊一點呢？為什麼就不能抱著欣賞和寬容的心態來看待別人的美好和長處呢？如果我們真的不能迴避嫉妒這個社會現實，也不想跟他們一樣鄙俗，那麼我們為什麼不能多一點承受力，把壞事變成好事，把嫉妒變成人生的一種特殊「養份」呢？

當我們面對嫉妒的時候，除了對其冷淡對待，還應該採取相應的策略來處理嫉妒，如採取妥協和退讓的策略。孔子曾說：「聰明聖智，守之以愚；功被天下，守之以讓；勇力撫世，守之以情；富有四海，守之以謙。」這不僅是一種單純的策略，事實是，當一個人在鮮花與掌聲中時，更需謙虛謹慎，這不僅能防備被嫉妒，而且能從根本上調整自己。以妥協和退讓的方式來面對嫉妒者，就會讓他們感受到你真誠的愛心，這些愛心可以融化那些嫉妒者，從而消除和化解嫉妒。因此，當遭人嫉妒時，如果能夠以德報怨，用愛心去感化嫉妒者，恩怨也自然就會化解了。以有原則的忍讓來抑制無原則的鬥爭，這才是解決嫉妒的根本所在，不然即使是你一味地退讓，也只會讓別人覺得你就是虧欠他，結果反而會得寸進尺；採取相應的措施，用你的真心去感化他，採取低調的做人態度，才可以讓他覺得嫉妒其實根本不必要，而且另一方面致力於幫助那些嫉妒者提高他們自身的能力，當他們自身能力得到提高時，就不會只是停止在嫉妒別人，而不懂得上進。

無論在什麼情況下，要忍受嫉妒，不要因為別人的嫉妒就放棄理想，反而選擇讓自己成為一個平凡的人，讓潛力沒有爆發的地方，而是要懂得別人的嫉妒從另一方面來看其實是對你能力的肯定，不要忍受不了別人的嫉妒，而與他人發生爭執，這樣只會起到相反的作用。聰明的人懂得利用他人的嫉妒作為自己能力的展現，懂得利用別人的嫉妒來不斷激勵自己，促進理想的實現，在嫉妒的催化下把所有的事情都做得更好。

但是，需要注意的是我們要堅持把所有的事情做到最好，而不是完美，這還要涉及效率和成本問題。

二十世紀初義大利經濟學家巴萊多發明了二八定律，也叫巴萊多定律。他認為，在任何一組東西中，最重要的只佔其中一小部分，約百分之二十，其餘百分之八十儘管是多數，卻是次要的，因此又稱二八定律。二八定律說明我們所做的事情，並不是每個細節都需要我們去完美地完成，只有最重要的百分之二十需要我們做到極致，而剩下的百分之八十並不是主要的，沒有必要做到完美。如果花費很多精力去追求那百分之八十的完美，並不會得到很好的效果。

弗蘭克貝特格是美國保險業的鉅子，他總結自己的從業經驗：「很多年前，我剛開始推銷保險時，對工作充滿了熱情。後來，發生了一點事，讓我覺得很氣餒，開始看不起自己的職業並打算辭職。但在辭職之前，我想弄明白到底是什麼讓我業績不佳？

「我先問自己：『問題到底是什麼？』我拜訪過那麼多人，成績卻是一般。我和顧客談得好好的，可是到最後成交時他們卻對我說：『我再考慮一下吧！』於是我又得再花時間找他，說不定他還改變了主意。這讓我覺得很頹喪。」

「我接著問自己：『有什麼解決的辦法嗎？』在回答之前，我拿出過去十二個月的工作記錄詳細研究。上面的數字讓我很吃驚：我所賣的保險有百分之七十的是在首次見面時成交的；另外有百分之二十三的是在第二次見面時成交的；只有百分之七是在第三次以後見面時才成交的，而我竟把一半的工作時間都浪費在這上面了！？這個發現讓我激動不已，又燃起了創造佳績的激情，把辭職的事也拋到九霄雲外去了。」

「該怎麼做呢？不言自明：我應該立刻適度地停止第三次之後的拜訪，把空出的時間用於尋找新顧客。執行結果令我大吃一驚：在很短的時間內我的業績上升一倍。」

這就是瞭解並運用二八定律後帶來的改變，弗蘭克發現自己的精力和時間都浪費在效益並不明顯的百分之七上，所以業績並不突出，在二八定律的影響下，弗蘭克立即改變了工作方法，把大部分時間和精力用來尋找新客戶：這為他帶來了百分之八十的工作收益。

所以，我們要看清的是，我們所做的事情中，只有百分之二十是需要做到完美的，其餘的百分之八十做到九十分就足夠了，這樣不僅能高效率地工作，而且能收穫更多。面對他人的非議或嫉妒，我們所能給予的最好回應就是高效率地把事情做到最好。只是一定要時刻提醒自己，不要因為賭氣或者爭強好勝而讓自己掉入「完美」的陷阱。

# 不鳴則已，一鳴驚人

「最強大的人，往往是最孤獨的人。」這裡所說的「最強大的人」，就是我們普通所說的「成功者」；他所指的「孤獨的人」，忍受的自然是「常人所不能忍受的寂寞」。但如果他可以忍受住這樣的寂寞，必然就可以厚積薄發，進而成為一個強大的人。

成功者在還沒有成功前之所以會寂寞，無非四方面的原因：

第一、成功者在原始累積階段要做的事情很多，必須得付出一般人十倍以上的努力，自己可以自由支配的時間少得可憐，所以，他無法不孤獨。

第二、成功者或許有一些可以自由支配的時間，但是他心高氣傲，甚至寧願獨處也不願意浪費時間和一些心無大志、沒有前途的人交往。

第三，成功者常懷有極大的優越感，即使他在還沒有成功、很狼狽的處境下，也不願意看輕自己，如果他覺得自己不是最好的，也絕不會輕易地進入一個群體去點綴別人。

第四，成功者透過不懈的努力獲取成功之後，深感成功的艱辛，選擇朋友也就更加慎重，這時候即使有一些所謂的朋友，也大都為名利所累，絕不會推心置腹，心靈更加孤獨。

由此可知，只有那些能夠忍受寂寞，能夠孤單地承受一切，將全部的時間和精力都置於自己所要做的事情上，才可以在這樣的沉默與寂寞中實現自己的夢想，成為一個成功人士。

能否忍受當前的寂寞、能否在成功之前控制對孤獨、寂寞的恐懼，這些都是對我們每個人最大的挑戰。每個人都有孤獨的時候，要學會忍受孤獨，這樣才會成熟起來。年輕人嘻嘻哈哈、打打鬧鬧慣了，到了一個陌生的環境，面對形形色色的人和事，一下子不知所措起來，有時連一個可以傾心說話的地方也沒有。這時候千萬不可以浮躁，不要因為過去的習慣而讓自己無法忍受一時的孤獨、一時的不知所措，可以將這樣的情況看成是社會在考驗你，社會在給你一個機會，讓你原本已經喧嘩的心在孤獨中冷靜下來，讓你在孤獨中思考，如今的自己已經到了什麼地步。在孤獨中思考，在思考中成熟，在成熟中昇華，不要因為寂寞而亂了方寸，而去做無聊的事情，白白浪費了寶貴的時間。如果你自己沒有辦法忍受寂寞而冷靜下來，反而亂了陣腳，那最終的結果是：你依然沒有辦法從這樣一個陌生的環境中成長起來，你的生活與工作也不會因為你發生了這樣的變化而有所成功。忍受寂寞，在寂寞中為自己多增加一些知識，多充些電，這樣你才不會成為他人的焦點，才可以不為別人所嫉妒陷害，而可以讓自己在一個安靜的環境中不斷成長，而在厚積薄發之後更可讓他人驚訝，更可讓你覺得這樣的寂寞對自己是有好處的，是有助於你的成功的。

有這樣一個故事：農夫在泥土裡埋了兩粒種子，很快它們變成了兩棵同樣大小的樹苗。第一棵樹一開始就決心長成一棵參天大樹，所以它拚命地從地下吸收養料，儲備起來，滋潤每一枝樹幹，盤算著怎樣向上生長，完善自身。由於這個原因，在最初的幾年，它並沒有結果實，這讓農夫很火大。相反，另一棵樹也拚命地從地下吸取養料，打算早點開花結果，它的確做到了這一點，這使農夫很欣賞它，並經常澆灌它。時光飛轉，那棵久不開花的大樹由於身強體壯，養分充足，終於結出了又大又甜的果實；而那棵過早開花的樹，卻由於還未成熟時，便承擔起了開花結果的任務，所以結出的果實苦澀難吃，並不討人喜歡，而且因此累彎了腰。農夫歎了口氣，終於用斧頭將它砍倒，用火燒了。

這樣一個故事，告訴我們的道理是「欲速則不達」。第二棵樹正是由於急於求成，雖然最初的時候的確得到了農夫的喜愛，可由於它的急於求成，並沒有為自己的結果積累足夠的營養而終至累死，也不受人歡迎；相反，第一棵樹則懂得在一開始忍受住農夫的怨氣，可是在最後卻因為之前所做的積累，終於達成了它的希望，結出的果實為眾人所喜歡。由此可知，急於求成的結果只會導致過早的失敗，只有那些敢於忍受寂寞的人，在寂寞的過程中注重自身能力的積累，一旦時機來臨，所有的成功便自然會水到渠成。

「蘑菇定理」是許多進入職場的人的抱怨：他們認為自己備受冷落，滿腔抱負卻沒有施展的機會。在他們看來，埋頭苦學了十幾年，有朝一日終於可以大展身手了，可猛然發現，自己竟然在做著一些「國中沒畢業都能做的事」。於是他們覺得苦悶，覺得懷才不遇，覺得生活對自己太不公平，甚至有一些人，乾脆放棄了這份自己當初千挑萬選得來的工作。實際上絕大多數的職場新人，都有過當「蘑菇」的悲慘經歷。為什麼會出現這種情況？企業難道就因為他們是新人，剛畢業的學生好欺負？這幾年就業形勢嚴峻，公司是不是趁機利用廉價勞力？如果你抱著這樣的想法，自然會一直陷在負面情緒裡，對工作提不起精神。其實，對個人來說，這些沒有技術難度的基礎工作，可以瞭解企業的生產經營，了解客戶的基礎，瞭解了這些，日後做複雜的工作時才能得心應手，才能持之以恆地完成簡單任務、做好「小事」的人，管理者才可能在將來放心地把「大事」交給你做。

真正的成功，屬於那種在寂寞中仍可以堅持不懈的人。在寂寞中為自己不斷積累一些可貴的經驗和素質，才可以為以後的厚積薄發做好基礎。只有那些懂得享受孤獨、忍受寂寞、在寂寞孤獨中不斷堅持的人才可以有所作為。

# 苦盡甘來，你才會變得成熟

經過暴風雨洗禮的人才更能夠深深體會到彩虹的美麗；只有在經過打擊之後，心才會變得堅強。不經一番寒徹骨，哪得梅花撲鼻香？溫室裡的花朵是經不起暴風雨的洗禮的，只有經歷了惡劣環境考驗的人才能有更強的生命力。

阿拉伯有一位著名的馴馬師，他馴出來的馬甚至被稱為神馬。每天早上，馴馬師會指揮著一群馬繞圈子跑，這其中有雄健的大馬，也有很小的幼馬，馴馬師的助手則一邊呵斥著馬，一邊抓著馬鞍左右跳躍，看起來活像馬戲團的特技表演。到了中午，沙漠的太陽正毒，馴馬師卻和他的助手騎馬向沙漠深處奔去，下午四點，當他們返回時，人們才發現他們每人手上都拿著一把彎刀，彷彿出征歸來的樣子。有人問馴馬師：「你為什麼要叫許多馬繞圈子呢？」馴馬師說：「因為我教那些小馬，要跟在大馬身後，學習聽口令和馴服，沒有大馬的帶領，小馬是很難教的，如果我是老師，大馬就是家長，我在學校教導，父母在家中帶領，任何一方都不能少。」「那你的助手為什麼要抓著馬鞍左右跳躍呢？」「那是教馬學會平衡，維持穩定。」馴馬師接著說，「至於中午的時候騎馬出去，是因為中午天氣最為炎熱，讓馬在一望無際，炎熱如焚的沙漠裡奔跑，這是一種磨練，經得起的才能成為千里馬，而彎刀，是我們故意舞給馬看的，用刀光閃爍刺激馬的眼睛，發出強烈的聲響，經歷這種場面，還能鎮定自若的，才能成為最好的戰馬。」

馴馬師在馴馬的過程中，就是人為的給馬設置了那種刺激的場面，讓馬能夠適應看起來很惡劣的環境，只有經過這樣考驗的馬才能成為真正的神馬。

人也是這樣。經過苦難的洗禮之後，人會成長很多，即使以後再經歷什麼磨難也會很好地處理。

某天，鄉下女孩小洋的命運在這一天發生了改變。那天，小洋的父親為了砍燒火用的柴，爬上村邊的大樹上，卻不小心從六米高的樹上摔了下來，後背狠狠地砸在地上的一根粗樹枝上，失去了知覺，直到被村裡人發現送往醫院。醫生說，父親脊椎錯位，需要趕緊做手術，否則下肢會癱瘓。小洋的媽媽從小患有小兒麻痺，勉強能夠自理簡單的生活，如今，家裡唯一的經濟支柱又倒下了。所以住院第七天時，父親堅持要回家。

父親的腿始終沒有知覺，可是會突然抽筋，抽筋起來一直疼到胸口，全身扭曲成一團。小洋常給父親按摩雙腿，幫父親減輕痛苦。女兒的懂事讓父親心裡很不是滋味。最讓他感到不是滋味的是女兒幫他處理排泄物。摔傷後，他大小便完全失禁，在醫院每洗一次要幾十元。為此，他每天少吃飯少喝水，盡量減少排泄。即使這樣，時間一長，他的肚子還是會膨脹起來。女兒看了難受，偷偷看護士們怎樣清理，自此以後，承擔起為父親清理排泄物的工作。

自從父親遭遇不幸後，小洋就沒上學，一直在家照顧父親。老師們透過電視台向社會呼籲來幫助這個不幸的家庭，在老師們的勸說下她再次回到了校園。醫生們給他的父親進行了有效的治療。

小洋用自己單薄的身軀為父母撐起了一片天。三年裡，小洋飼養的豬共賣出兩批，果樹年年結果，玉米沒有減產，鵝也下了很多蛋，有近萬元的收入。雖然不夠還清債務，但一家人已經看到了希望。她的功課成績也始終排在全班前五名。

年紀小小的小洋在苦難面前沒有低頭，苦難讓她比同齡的人多了一分成熟，她不會向父母要求什麼漂亮的衣服，想得更多的是怎樣才能讓爸爸早點好起來，怎樣才能讓這個家撐下去。經過好心人的幫助，經過小洋無微不至的照顧，她的父親後來已經能夠下床走路了。小洋很高興，在自己家的門上寫下了「幸福之家」四個字。

這個小女孩一開始什麼都不會做，因為突來的苦難，讓她比同齡的孩子更懂事、更成熟，在某種意義上來說，是苦難讓她變得成熟。

苦難是最好的老師，它讓一個人從弱小變得強大，從脆弱變得堅強，一個從苦難中走出來的人更能夠體會生活的不易，更懂得珍惜生活的美好。

5

# 快樂與否，一切取決於你

生活得快不快樂，在於你的選擇。不同的人有不同的人生態度，有的人積極樂觀，即使是平凡的生活也能過得有聲有色；而悲觀的人，總看不到生活的精采處，過得單調乏味。要選擇快樂，就要懂得隨著環境去改變自己的處世方法；要學會讚美世界，讚美他人；還要學會給自己希望，保持希望是能讓人快樂的美好態度；即使在困境中也要把苦難當成是寶貴的財富，苦中作樂，相信自己一定可以苦盡甘來。

# 改變環境，不如改變自己

南美洲有一種會走動的樹：卷柏，由於它的生存需要充足的水分，當地下水分不足時，就會自己連根拔起，縮成一個圓球狀，由於體輕，只要有微風，它就會隨風在地面上滾動，一旦到了水分充足的地方，圓球就會迅速打開，根也重新扎到泥土裡，等到下次水分不足時再走。

這種方式不斷給它的生存創造了好的環境，但也正是這樣，它的存活率低，因為在遊走時有被風吹起掛在樹上枯死的，有被車壓扁的，甚至有被小孩當做球踢的……難道卷柏不走真的就不能生存了嗎？植物學家為此做了試驗，將它圈養在一個水分不多的地方，他們發現，它在經過幾次行走都未成功後，在原地將根深深地扎入了泥土，並且長勢比任何時候都好。

人總會憑著自己的願望想去改變些什麼，總是認為別人的做事方式不合自己的意願，自己所處的環境讓自己不舒服，但是如果讓所有的人都來適應你，是不是一個很自私的想法呢？

其實處在一個大的環境中，只有適當地去調節自己，讓自己更加適應這個環境才是智者所為。而且很多時候，別人不會因為你而改變自己的。當你有足夠的力量去改變環境時，你已經是領導者了。可是如果你只是一名普通人，那只有改變自己了。

只有透過自己的努力讓大家認可，才能真正融入一個新的環境中。當你用一種良好的心態，去面對周圍的事物時，你會發現自己所處的環境挺好的，

自己已經完全適應了這個環境，你也會在這個環境中過得更好。

在美國新澤西州的一所小學裡，有一個由二十六個孩子組成的特殊班級，他們都是一些曾經失足的孩子。有的吸過毒，有的進過少管所，家長、老師和學校對他們非常失望，甚至想放棄他們，一位名叫菲拉的女教師主動要求接手這個班。

菲拉的第一節課，並不像以前的老師那樣整頓紀律，而是在黑板上給大家出了一道選擇題，讓學生們根據自己的判斷選出一位在後來能夠造福人類的人。她列出三個候選人：

A、篤信巫醫，有兩個情婦和多年的吸煙史，而且嗜酒如命。

B、曾經兩次被趕出辦公室，每天都要睡到中午才起床，每晚都要喝大約一公升的白蘭地，而且有過吸食鴉片的記錄。

C、曾是國家的戰鬥英雄，一直保持素食的習慣，不吸煙，偶爾喝一點啤酒，年輕時從未做過違法的事。

結果大家都選擇C。菲拉公佈答案，A是富蘭克林羅斯福，連續擔任過四屆美國總統；B是溫斯頓邱吉爾，英國歷史上最著名的首相；C是阿道夫希特勒，法西斯惡魔。

大家都很驚訝，菲拉滿懷激情地告訴大家：「孩子們，過去的榮譽和恥辱只能代表過去。真正能代表一個人一生的，是他現在和將來的作為。從現在開始，努力做自己一生中想做的事，你們都將成為了不起的人。」

菲拉的這番話，改變了這二十六個孩子一生的命運。其中，就有今天華爾街最年輕的基金經理人：羅伯特·哈里森。

這個故事告訴我們，自己過去所處的環境並不重要，自己的過去也不重要，只要你在新的環境中願意作出改變，透過自己的努力可以改變自己不光彩的歷史，走出一條嶄新的道路。

讓環境來適應自己，不如讓自己適應環境。當你抱著環境必須要適應我這樣一種心態時，你會發現沒有一個地方是適合你的，你在每個地方都不會待太長時間；但是當你抱著一種既來之，則安之的心態去適應環境的時候，你會發現自己的適應能力在變強，不像以前那麼挑剔了，自己對人際關係開始應付自如了，周圍的人開始接受並喜歡上自己了，這樣的轉變會讓你產生自信，讓自己變得更有活力。

# 快樂操之在我

你不能控制生命的長度，但你可以控制生命的寬度；你不能左右天氣，但你可以改變心情；你不能改變容貌，但你可以展現笑容；你不能控制別人，但你可以掌控自己；你不能預知明天，但你可以利用今天；你不能要求結果，但你可以掌控過程；你不可能樣樣順利，但你可以事事努力。自己的快樂是由自己控制的，你可以在自己的生活過程中尋求到屬於自己的快樂。真正的

快樂，是在有限的生命中做出無限有意義的事情；是讓自己的心情五彩斑斕，如彩虹般美麗燦爛；是讓自己的笑容充滿溫暖；是讓自己的今天比昨天更精彩；是讓自己追求理想的過程更有意義；是讓自己在通往夢想的路上體會付出與收穫的快樂。這一切，都是你可以帶給自己的。

一群學生在到處尋找快樂，卻遇到許多煩惱、憂愁和痛苦。他們向大哲學家蘇格拉底請教：「老師，快樂到底在哪裡？」

蘇格拉底說：「你們還是先幫我造一條船吧！」

這群學生暫時把尋找快樂的事放在一邊，找來造船的工具，用了四十九天，鋸倒了一棵又高又大的樹，挖空樹心，造出一條獨木舟。獨木舟下水了，他們把蘇格拉底請上船，一邊合力划槳，一邊齊聲唱起歌來。蘇格拉底問：「孩子們，你們快樂嗎？」他們齊聲回答：「快樂極了！」

蘇格拉底說：「快樂就是這樣，它往往在你為一個明確的目標忙得無暇顧及其他的時候突然來訪。」

快樂就是你在實現自己的目標過程中，所能收穫的最好禮物，當你把自己所想的事情，慢慢變成現實的時候，那是怎樣的一種滿足感呢？最大的快樂莫過於把自己的理想變為現實，實現自己的人生意義。

快樂，是一種感受，它取決於自己的態度，就算你擁有億萬財富，如果沒有善於發現快樂的心，依然不會快樂；即使你並不富有，但是自己具有善於發現快樂的心，那麼依然會變得很快樂。

有位女作家在紐約街頭遇到一位賣花的老太太。這位老太太穿著相當破舊，身體看上去又很虛弱，但是她臉上滿是喜悅。女作家挑了一朵花說：「你看起來很高興。」

「是啊！這一切都這麼美好。」

「你很能承擔煩惱。」女作家又說，然而老太太的回答令女作家大吃一驚。「耶穌在星期五被釘在十字架上的時候，那是全世界最糟糕的一天，可是三天後就是復活節。所以，當我遇到不幸時，就會等待三天，一切就恢復正常了。」

「等待三天」，這是一顆多麼普通而又不平凡的心。確實，人生並非儘是鶯歌燕舞，四季如春，總是伴隨著許多不幸與煩惱。其實，每個人的心，都好比一顆水晶球，晶瑩閃爍。一旦遭遇不測，背叛生命的人，很容易會在黑暗中漸漸消殞；而忠實於生命的人，總是將五顏六色折射到自己生命的每一個角落。只要我們有顆善於發現快樂的心，在困境中保持一份積極的心態，那麼你依然可以過得很快樂。

快樂，是需要付出才能體會的，有的人經常會想：要是有一天自己什麼都不用做，就能有好吃好喝的，那才叫真正的快樂呢。但實際上這樣的生活是最無趣也是最可怕的。人最怕的就是空虛的心靈；真正的快樂是建立在充實的、有意義的人生上的。

有個人死後在去見閻王的路上，經過一座金碧輝煌的宮殿。宮殿的主人請他留下來居住，這個人說：「我在人世間辛辛苦苦地忙碌了一輩子，我現在只想吃，只想睡，我討厭工作。」

宮殿主人答道：「若是這樣，那麼世界上再也沒有比我這更適合你居住的了。我這裡有山珍海味，你想吃什麼就吃什麼，不會有人來阻止你；我這裡有舒適的床鋪，你想睡多久就睡多久，不會有人來打擾你。而且，我保證沒有任何事需要你做。」

於是，這個人就住了下來。

開始的一段日子，這個人吃了睡，睡了吃，感到非常快樂。漸漸地，他覺得有點寂寞和空虛，於是他就去見宮殿的主人，抱怨道：「這種每天吃吃睡睡的日子過久了，一點意思都沒有。我現在是腦滿腸肥，對這種生活已經提不起一點興趣了。你能否給我找一份工作？」

宮殿的主人答道：「對不起，我們這裡從來就不曾有工作。」

又過了幾個月，這個人實在受不了了，又去見宮殿的主人：「這種日子我實在受不了。如果你不給我工作，我寧可去下地獄，也不要再住這裡了。」

宮殿的主人輕蔑地笑了：「你以為這裡是天堂嗎？這裡本來就是地獄啊！」

這個故事帶給我們深深的思考：快樂並不是一味地享受，而是要付出之後再享受才能體會到真正的快樂。快樂是自己創造的，是由自己決定的，不是別人給你的。

所以，我們應該保有一顆善於發現快樂的心，用自己的努力去實現自己的夢想，在實現夢想的路上體會痛苦，體會歡樂，體會人生百味，最終你會得到屬於自己的快樂。

# 學會讚美世界

有的人不相信世界上有美好的東西，可能因為自己曾經被傷害過，所以變得懷疑一切，但是並非每個友好的握手，手心裡都是刺；並不是每一個情人的擁抱，後面都是一把匕首；並不是每個母親的疼愛，都是為了將來的贍養；並不是每一滴眼淚，都是硬擠出來的。如果我們想在世界上多獲得一點快樂，就要學會用讚美的眼光去看待這個世界，不要總是看到世界的黑暗面，要善於讚美世界，在不盡如人意之外，還是有很多東西值得我們去讚美和珍惜的。

一座山，在騷人眼中是詩，在畫家眼中是畫，在軍事家眼中是戰略要地，在地質學家眼中是藏寶之地，在懦弱者眼中是不可逾越的障礙，在勇敢者眼中是考驗自己膽量的階梯，在凡夫俗子眼中是平平常常的一座山，這就是觀賞的角度不同，看問題的方式不同，得來的結論也就不同。

一條河，在農民眼中是一條灌溉良田的甘泉，在航運者眼中是一條可帶來財富的坦途，在水產者眼中是一個飼養魚蝦的好地方。這就是觀賞者的角度不同。一棵樹、一枝花、初升的月亮、落下的太陽、廣袤的原野、幽深的溝壑，都有它們的美麗、它們的神韻，問題是我們能否發現它。

善於發現美，是一種境界，是一種能力；善於發現美，就是要做生活的有心人，美隨處可見：大山的雄偉是美，河流的溫柔是美，都市的喧囂是美，鄉村的寧靜是美；麥苗青青是美，稻穀金黃是美，農夫負重是美，孩童天真是美；大海的澎湃是雄渾的美，小溪的潺潺是恬淡的美。重要的是我們要能發現它，感悟它。

學會讚美世界，就要善於發現世界的美好，就要積極地看待世界。美和醜都是相對的，只要你善於發現，總會發現優點。

一天，美和醜相約一起去海邊游泳，美穿的是美麗的外衣，而醜穿的則是醜陋的外衣。二人游泳完後，醜先上岸，隨便拿起一件外衣就穿上了，隨後美也上了岸穿了外衣，二人就回家了。但回到家中才發現衣服穿錯了，此時醜發現自己很美，而美發現自己很醜。其實美和醜都是相對的，這個故事就是說明美和醜有時只需要一件外衣就可以改變，關鍵是自己有沒有發現。世界也是這樣，只要你換一種眼光去看待它，即使在醜陋的事情裡也能找到一個讓人讚美的地方。

在一節體育課上，有一個學生要老師幫他換一個漂亮的舞伴，老師聽後，覺得很好笑，覺得現在的學生真是太早熟了。跳完進教室之後，老師問他為什麼要換舞伴，他說：「現在這個舞伴跳得不好，不能很好地和我配合，所以體育課上沒有受到老師的表揚，心裡有些不舒服。」這個學生是在各方面比較優秀的男孩，他聽慣了老師的表揚，所以在體育課上受了冷落就想換舞伴了。他的舞伴是一個接受能力比較差的女孩，所以學這個舞蹈比較慢，動作不到位，節奏踩不準，這是事實。但老師知道她很努力，已經盡力了。

於是老師說：「雖然你的舞伴跳得不是很好，但老師知道她很努力，她一天天在進步，你不覺得嗎？」男孩點了點頭，「她努力做到最好來配合你，你不覺得這一點是她最美麗的地方嗎？」這次男孩不好意思地低下了頭，他這時已經明白了，一個人的美麗有很多方面，懂得去努力，去配合人家的人才是最美麗的。經過這件事後，他們跳團體舞的時候特別用心，尤其是女孩，真的一天比一天跳得好。

自己一個善意的稱讚，能夠給人溫暖的陽光；自己一個不經意的讚許，能夠給人難忘的印象；自己一個真誠的讚賞，能夠像一縷春風那樣吹暖人心；

自己一個優雅的讚美，能夠帶來別人的信任和希望。在生活中，請不要吝嗇於把自己的讚美送給生活，送給身邊的人，在你讚美世界、讚美生活、讚美他人的時候，你收穫的是快樂。

# 每天給自己一個希望

前途比現實重要，希望比現在重要。任何時候，都不應該放棄希望，因為它是創造成功、創造未來的「試金石」。每天都要給自己一個希望，讓自己在希望中充滿熱情地度過每一天。

亞歷山大大帝遠征波斯之前，將所有的財產分給了臣下，其中一個大臣問：「陛下，你帶什麼起程呢？」「希望，我只帶這一個財富。」亞歷山大這樣回答。是的，希望是一種寶貴的財富，在順境中，他讓你更有激情，在逆境中，他是堅持下去的理由，人生因為有了希望而變得更有意義。

有兩個盲人靠說書彈弦謀生，老者是師傅，幼者是徒弟。徒弟整天唉聲歎氣，也無法學好手藝。因為眼盲，他甚至常常失去生活下去的勇氣。一天，師傅病了，在臨終前，他對徒弟說：「我這裡有一張復明的藥方，我將它封進你的琴槽中，當你彈斷一千根琴弦的時候，才能取出藥方。記住，你彈斷每一根弦時必須是盡心盡力的。否則，再靈的藥方也會失去效用。」徒弟牢記師傅的遺囑，他一直為實現復明的夢想而彈弦不止。

五十年過去了，徒弟已皓髮銀鬚，一聲脆響，他終於彈斷了第一千根琴弦，他直向城中的藥鋪趕去。當他滿懷期望地等著取回草藥時，掌櫃的告訴他，那是一張白紙。他明白了師傅的用意，他學到了手藝，這就是藥方，有了手藝他就有了生存的勇氣。他努力地說書彈弦，成了受人尊敬的名藝人。直到九十歲高齡時，他才抱著三弦琴含笑告別人世。

徒弟在開始的生活中，因為自己的眼盲而對生活沒有信心，常常失去生活的勇氣，師傅給了他一個希望，這個希望支撐著他學成了彈琴的手藝，他最後也找到了解救自己的祕方，那就是帶著希望生活的人生才有衝勁。

在逆境中，希望有時候比食物和水更容易讓你生存下來，要知道心靈的力量是最強大的。在逆境中，當生命受到了威脅，當人生走到了深淵的時候，千萬不要忘了自己還可以擁有更寶貴的寶藏：希望。

一位飢腸轆轆的畫家，在一個偶然的機會裡幸運地得到了半塊麵包，但他並沒有把麵包吞進肚子。他捧著讓人垂涎的美食，去換取了自己生命中更需要的東西：一張紙和一支碳筆。他必須作畫！因為如果沒有畫中的太陽照耀，他的靈魂就會先他的肉體餓死。

在一個陰暗潮濕的牢房裡，蜷縮著幾個骨瘦如柴的，隨時都可能被死神擄去的人。他們中間有一個是讓人眼紅的，因為他在袋子裡藏了一根長長的白蠟燭。幾乎所有的難友都見到過他饑餓難耐的時候像吃香腸一樣吃那根蠟燭。一天晚上，陰風怒吼，星月都隱匿了。黑暗中有人不禁低聲呻吟歎息，突然，一個顫顫的聲音說：「今天是聖誕節吧？」大家便莫名地興奮起來，這些早已被時間遺忘了的人無一例外地認同了「聖誕節」的說法。在這個本應是火樹銀花、酒饌飄香的節日之夜，他們卻只能用記憶飼養渴望……興奮過後，一個毒蛇般的念頭更是固執地盤踞在每個人的心頭：恐怕，這是今生最後一個聖誕節了吧？一陣窸窣低響，是打開袋子的聲音。大家厭恨地猜想，一定是那個有「香腸」的傢伙要獨享聖誕美餐了。然而，他們猜錯了。那人一聲不響地點亮了蠟燭。氣息奄奄的難友被這突如其來的燭光召喚了起來，剛才還是死寂的牢房歌聲驟然響起！大家在這久違的奢華燭光中，真切地看到了美色無敵的自由曙光。

在納粹集中營裡，在生死關頭，飢腸轆轆的畫家需要的是太陽，哪怕僅僅是畫出來的；聖誕節的夜裡，一縷燭光就可以讓死難臨頭的囚徒唱起歌來，看見自由的曙光。在遠離了硝煙和飢餓的今天，我們的心裡有時也會陷入種種無形的泥淖。在這個時候，我們需要借助一支可以充飢的畫筆和半截能夠取暖的蠟燭，饋贈給自己一份不缺色彩與詩意的禮物；讓我們用精神的芳香感染生命中的每一刻，讓無私的照耀引領著平凡的心靈抵達陽光的殿堂。

# 幽默處世，苦中作樂

人生在世，不如意事十之八九。要是我們沒有一個積極心態去調整自己的話，生活會很辛苦，在壓抑的情緒下生活久了就會失去信心。面對人生的不如意，我們不能消極面對，只有透過一種方式將自己心中的不快化解，才能讓自己活得輕鬆。

在不盡如人意的生活中，幽默能幫助你排解愁苦，減輕生活的重負。用幽默的態度對待生活，你就不會總是憤世嫉俗，牢騷滿腹，你也能透過這種幽默的方式學會苦中作樂。

成功的劇作家考夫曼，二十多歲的時候就掙到了一萬多美元，這在當時對他來說是一筆巨款。為了讓這一萬美元產生效益，他接受了自己的朋友、演員馬克兄弟的建議，把一萬美元全部投資在股票上，而這些股票在一九二九年的經濟大蕭條中全部變成了廢紙。但是，考夫曼卻看得很開，他開玩笑的說：「馬克兄弟專演悲劇，任何人聽他的話把錢拿去投資，都活該泡湯！」

考夫曼面對自己的損失，真的可以說是做到苦中作樂了。他用一種非常幽默的方式表達了自己的看法。他不是不心痛自己的損失，但是他沒有消極地面對這件事情。所以這樣就不會整天為自己的損失痛哭了，這也不失為一種好方法。

誰都希望自己的相貌受到別人的讚美，即使得不到讚美，也不希望自己的容貌成為別人取笑的對象，但是就有那麼一個人從來不在乎別人說自己的容貌醜陋，甚至自己還經常拿這個事情來開玩笑。

美國第十六任總統林肯貌不驚人，他常透過拿自己的容貌開玩笑的方式，來與周圍的人溝通。有次，他講了這樣一則故事：「有時候我覺得自己好像一個醜陋的人，我在森林裡漫步時遇見一個老婦人。老婦人說：『你是我所見過的最醜的一個人。』『我是身不由己。』我回答道。『不，我不以為然！』老婦人說，『長得醜不是你的錯，可是你從家裡跑出來嚇人就是你的不對了！』」

這種心態應該說保持得非常樂觀，他不會介意拿自己弱點來開玩笑，這就是一種坦然的心態，如果我們在生活中能夠用這樣一種心態去面對自己的弱點和不幸的話，生活會比現在美好很多，你的快樂也會比現在多很多。

我們身邊有很多朋友和同事，大家的心態不同，所過的生活也是完全不同的。有一部分人很懂得調整自己的心態，他們雖然也是要付出勞動去解決自己的物質生活，但是他們始終在用一種樂觀的態度看待自己的辛苦，他們有著良好的人際關係，有著健康的身體和美滿的家庭，他們大多快快樂樂地過著高品質的生活；而有的人則是一天到晚忙碌也只能勉強維持生計。

區別在哪裡呢？「過得比別人好」的朋友們總是能夠保持良好的心態，他們很會苦中作樂，他們也有煩惱、困難，但是他們能夠自我調適，他們的樂觀會影響周圍的人，大家都保持著一份樂觀的心態，都有積極的態度，成功就是遲早的事情了。而那些忙碌的人，他們也付出了很多，但是，他們總認為他們的命運就是勞碌的，再怎麼努力也不會成功，所以總是為自己找藉口，甚至怨聲載道。這樣的人怎麼能成功呢？

苦中作樂是一種生活態度，它能夠讓你保持一份自信和希望，讓你從痛苦、貧窮和難堪中走出來，樂觀是保持生命新鮮的良藥。

# 沒有不帶傷的船，只有不肯快樂的心

笑是一生，哭也是一生。我們倒不如每天給自己一個希望，每天給自己一份快樂的心情，坦然豁達地面對人生帶給我們的一切困難與挫折。

人生常常浸泡在痛與苦中。一次次心痛、一道道傷痕、一遍遍淚水，洗不去人生的塵埃，抹殺不了命運中的艱辛。何必跟自己過不去，放平自己的心，擱淺自己的夢，把希望打折，把生命烘乾，學會在艱難的日子裡苦中作樂！

下面的故事就能夠讓人們明白一個深刻的道理：在大海上航行沒有不帶傷的船，我們在生活中同樣不可能會一帆風順，難免會有傷痛和挫折。船沒有因為有傷就沉入大海，而是更加堅強地在海上航行。

英國勞埃德保險公司曾從拍賣市場買下一艘船，這艘船一八九四年下水，在大西洋上曾一百三十八次遭遇冰山，一百一十六次觸礁，十三次起火，兩百零七次被風暴扭斷桅桿，然而它從沒有沉沒過。

勞埃德保險公司基於它不可思議的經歷及在保費方面帶來的可觀收益，最後決定把它從荷蘭買回來捐給國家。現在這艘船就停泊在英國薩倫港的國家船舶博物館裡。

不過，使這艘船名揚天下的卻是一名來此觀光的律師。當時，他剛打輸了一場官司，委託人也於不久前自殺了。儘管這不是他的第一次失敗辯護，也不是他遇到的第一例自殺事件，然而，每當遇到這樣的事情，他總有一種罪惡感。他不知該怎樣安慰這些在生意場上遭受了不幸的人。

當他在薩倫船舶博物館看到這艘船時，忽然有一種想法，為什麼不讓他們來參觀參觀這艘船呢？於是，他就把這艘船的歷史抄下來和這艘船的照片一起掛在他的律師事務所裡，每當商界的委託人請他辯護，無論輸贏，他都建議他們去看看這艘船。他是想告訴大家在海上航行的船都是帶傷的，人們也慢慢懂得了這個道理，這艘船也名揚天下了。

世界上的幸福總是有瑕疵的，只要你有一顆肯快樂的心，就一定能看到幸福的存在。你必須掌控好自己的心舵，下達命令，來支配自己的命運，尋找自己的快樂。只有具備了淡然如雲、微笑如花的人生態度，任何困難和不幸才能被煉化成通往平安的階梯。

沒有不遭受挫折與磨難的人生，只有不肯在有限的人生裡快樂起來的心，快樂本沒有絕對的意義，平常一些小事往往也能撼動你的心靈。快樂與否，只在於你的心怎麼看待。只要你願意改變你的人生，那麼貧窮也能變得富裕；如果你甘心平庸一生，那麼你就註定要潦倒一生。

任何痛苦都是自己找的，任何快樂也是自己找的。苦痛源於你的心境，快樂與否在於你的心態。快樂是一種心境，這種心境是樸實的，存在於生活的點滴中。比如一個微笑、一聲問候、一個會心的眼神……都是讓人感到快樂的事。

用感恩的心，把自己縮小。心隨時歸零，就會發現人生處處充滿神奇，世界也變大了。

人生在世，要經歷太多的風雨和變數，怎麼去看待這些風雨和變數，決定了你以後的人生。在經歷痛苦的時候總會有一些朋友不時地給予你關心和照顧，用酸甜苦辣來充實你的人生，這些都是你應該看到的快樂與幸福。人生在世，不要讓自己短短幾十年的光陰在自己悲歎中度過，而是要以一種樂觀積極的心態去尋找快樂。這樣才能讓自己過得更有意義。所以不要把自己的快樂封閉，讓自己真正地成為一個快樂的人吧！

# 把苦難當做人生最珍貴的財富

人生不如意十之八九，誰不是「艱難苦恨繁霜鬢」，誰沒有「潦倒新停濁酒杯」的時候？所以不要以為世界上只有你一個人需要抱怨，不要不停地在別人面前抱怨自己的生命有多麼曲折，這樣只會更加增長你內心深處的抱怨之情，會讓你陷入無窮無盡的黑暗之中，從而無法從中走出來。如果你忍不住抱怨，不懂得笑對挫折的話，只會一味地沉湎於挫折中，再也無法從挫折的泥濘中走出來。在一般情況下人的挫敗感越強，也就越不容易對自己進行客觀評價。長此以往，必定陷入情緒的惡性循環。以不必要的悶氣來懲罰自己，就越感受到環境的惡劣，這樣你的生活就真的會陷入絕望。

在生活中遇到挫折和失敗等不如意的事情時，許多人習慣抱怨社會不公和命運不佳，認為是社會有問題、同事有問題、主管有問題，把自己的失敗歸咎於同學、朋友、老師等外在因素。為自己的失敗找一個堂而皇之的藉口：假如我有錢……假如我從小就……假如我早一點……假如我現在三十歲……假如……生活的失敗者總習慣於從他人或社會身上找原因。結果呢？在他的周圍，每時每刻都在誕生成功的人、快樂的人，他卻總是視而不見。

人的一生不可能都是一帆風順的，每個人都會遇到一些苦難。苦難可以把一個人徹底擊垮，不能翻身，但也可以激發一個人的鬥志。關鍵就在於你是以一種什麼樣的態度去看待這些苦難的。一個障礙，就是一個新的已知條件，只要願意，任何一個障礙，都會成為一個超越自我的契機。

有天，素有森林之王之稱的獅子，來到了天神面前：「我很感謝你賜給我如此雄壯威武的體格、如此強大無比的力氣，讓我有足夠的能力統治這整座森林。」

天神聽了，微笑著問：「但這不是你今天來找我的目的吧！看起來你似乎為了某事而困擾呢！」

獅子輕輕吼了一聲說：「天神真是瞭解我啊！今天來的確是有事相求。因為儘管我的能力再大，但是每天雞鳴的時候，我總是會被雞鳴聲給嚇醒。神啊！祈求您，再賜給我一種力量，讓我不再被雞鳴聲給嚇醒吧！」

天神笑道：「你去找大象吧，它會給你一個滿意的答覆的。」

獅子興衝衝地跑到湖邊找大象，還沒見到大象，就聽到大象跺腳所發出的「砰砰」聲響。

獅子加速地跑向大象，卻看到大象正氣呼呼地直跺腳。

獅子問大象：「你幹嘛發這麼大的脾氣？」

大象拚命搖晃著大耳朵，吼著：「有隻討厭的小蚊子，總想鑽進我的耳朵裡，害我都快癢死了。」

獅子離開了大象，心裡暗自想著：「原來體型這麼巨大的大象，還會怕那麼瘦小的蚊子，那我還有什麼好抱怨呢？畢竟雞鳴也不過一天一次，而蚊子卻是無時無刻騷擾著大象。這樣想來，我可比大象幸運多了。」

獅子一邊走，一邊回頭看著仍在跺腳的大象，心想：「天神要我來看看大象的情況，應該就是想告訴我，誰都會遇上麻煩事，而它並無法幫助所有人。既然如此，那我只好靠自己了！反正以後只要雞鳴時，我就當做雞是在提醒我該起床了，如此一想，雞鳴聲對我還算是有益處呢！」

在人生的路上，無論我們走得多麼順利，但只要稍微遇上一些不順的事，就會習慣性地抱怨老天虧待我們，進而祈求老天賜給我們更多的力量，幫助我們渡過難關。但實際上，老天是最公平的，就像它對獅子和大象一樣，每個困境都有其存在的正面價值，如果你能把苦難當成一考驗，或者從另外一種角度去看待它，也許它會給你帶來收穫。

十九世紀中葉，發現金礦的消息從美國加州傳來。許多人認為這個發財機會千載難逢，於是紛紛奔赴加州。十七歲的猶太人亞默爾也成為這支龐大的淘金隊伍中的一員，他同大家一樣，歷盡千辛萬苦，趕到加州。

淘金夢的確很美，做這種夢的人也比比皆是，而且還有越來越多的人紛至沓來，一時間加州遍地都是淘金者，而金子自然不能盡如淘金者的意願，變得越來越難淘。

不但金子難淘，而且生活也越來越艱苦。當地氣候乾燥，水源奇缺，許多不幸的淘金者不但沒有圓致富夢，反而喪身此處。亞默爾經過一段時間的努力，和大多數人一樣，不但沒有發現黃金，反而被飢渴折磨得半死。

一天，望著水袋中一點點捨不得喝的水，聽著周圍人對缺水的抱怨，亞默爾突發奇想：淘金的希望太渺茫了，還不如賣水呢。於是亞默爾毅然放棄對金礦的努力，將手中挖金礦的工具變成挖水渠的工具，從遠方將河水引入水池，用細沙過濾，成為清涼可口的飲用水。

然後將水裝進桶裡，挑到山谷一壺一壺地賣給找金礦的人。當時有人嘲笑亞默爾，說他胸無大志：「千辛萬苦地到加州來，不挖金子發大財，卻做起這種蠅頭小利的小買賣，這種生意哪兒不能做，何必跑到這裡來？」

亞默爾毫不在意，繼續賣他的水。哪裡有這樣的好生意？把幾乎不用成本的水賣出去。哪裡有這樣好的市場？結果，淘金者都空手而歸，而亞默爾卻在很短的時間靠賣水賺到幾千美元，這在當時是一筆非常可觀的財富了。

苦難，對於那些渴望成功的人來說是一種財富，在苦難中人才能挖掘自己的所有潛力，做到一些在順境中不可能做到的事情，所以當苦難降臨到自己身上時，不要以為那是上天的不公平，相反，這可能是你真正改變自己人生的契機，勇敢一點，向苦難挑戰，它就能成為你一生的財富。

古往今來有成就的人，他們都是在改造自己中尋找成功的方法。美國曾經對幾十萬個百萬富翁做過調查，百分之九十八以上的百萬富翁，年齡超過五十歲，他們的財富都是連續二三十年裡每週七天埋首於自己的工作而獲得的。每週工作七天，意味著天天都在努力，從沒有放鬆、放任、放縱自己。再看看一事無成的人，又有哪一個不是在怨天尤人中尋找失敗的託詞呢？

生活中，那些成功快樂的人，都有一個共同點：做一行愛一行。因為他們堅信：辦法總比困難多。生活中的失敗者，則是做一行怨一行，認為倒霉的事總讓自己遇上，抱怨命運不好，抱怨社會不公。

在面對挫折、面對困境的時候，不要再去抱怨社會、抱怨他人，你所應做的只不過是停止抱怨，讓自己平靜地自我檢視，平靜地面對這些挫折，抓住機會。要想讓社會對你公平，讓社會隨你的想法轉動，唯一的做法只有改變自己，而最重要的就是改變自己的心態，停止抱怨，開始自己駕馭自己的人生。甩掉抱怨，抱著一顆平常的心去生活，所有的委屈、誤解都可以淡化，讓自己的每一天都充滿生機與活力，給自己一個足以豐饒的、色彩斑斕的人生意蘊。

# 懂得欣賞路邊的美景

人生路該怎麼走？有的人說：「走荊棘蔽塞的小路是通往終點的捷徑。」他雖然省下了時間，可是也錯過了人生路上的朝霞與彩虹；有的人說：「要急速奔跑，即使有風雨的阻力，也不能停步。」他雖然付出了努力，可是，卻也錯過了人生路上的綠草與鮮花。有的人說：「我認清目標在前方，還要細細欣賞路邊的風景。」對未來充滿希望，更加注重生活點滴的美好，這樣，旅程才充滿新奇與綺麗。

我們生活在一個忙碌的繁華世界，瑣碎的生活讓我們無暇去欣賞路邊的風景，即使駕車行駛在路上，大多數時間也都花在埋怨交通堵塞、怎樣才能避開人流高峰這些瑣碎的事情上，也沒有時間向窗外看看路邊的風景。高節奏的生活讓我們身心疲憊，但是卻沒有想到給自己的心靈放個假，在路邊休憩一下。

人生的旅程就像坐火車，都有一個目的地，從一個起點到終點，但有的人聊天，有的人睡覺，有的人玩撲克牌，有的人埋頭看書，有的人欣賞沿途的風光，到達終點站，每個人的收穫不同，有的說太悶了，有的說太辛苦了，有的說路上的風光很美。不難看出，收穫最多、心情最愉快的還是沿途欣賞風光的那些人。

隨著社會不斷變化，人們越來越沒有時間去尋求生命中的驚奇和美麗了，他們只在乎地位、金錢和權力。許多人為了不落人後，已經花去了自己的大部分時間與精力，很遺憾，他們已經沒有什麼閒情逸致來看路邊的風景了，只是忙著趕赴目的地。等到他們到達目的地時，卻發現最美好的東西，已經被自己錯過了。

其實，何必活得那麼累？為什麼不留下一點時間給自己來欣賞一下路邊的好風景呢？人生路上所有的東西，不會因你的擔憂而失去，也不會因你的期待而成真，要看自己如何去欣賞。生活雖然很平凡，但你用美麗的心情去欣賞，就能帶來屬於你的燦爛風景。

生活中，美麗的風景隨時都在自己的身邊存在著，有的人收穫的是路邊的美景，有的人收穫的是目的地的美景。人生就是一場旅行，許多人看重目的地的風景，許多人看重行進過程中的風景，對這兩種態度，誰也不能判定孰是孰非。試著一路走走停停吧，這樣你可以不錯過路邊的風景！也許過程比結果更重要！

要知道長期忙碌嘈雜的生活，容易讓人變得心情煩躁，這樣怎能有快樂可言？如果我們在工作之餘，拿出一些閒暇時間四處去走走，看看周圍的風景，在一些小事中尋找到一點樂趣，不僅能夠讓自己的心情變得更舒暢，還能給自己帶來更多的靈感。有時候，生活中的一段小插曲一樣可以成為你生活中的一道風景。

有一個作家，一次過馬路時看到一個小男孩東張西望不專心走路。小男孩一步跨前，手拉著他的胳膊，大概把他當做了自己的爸爸，走了好幾步路抬頭一看，呀，是個陌生大人？男孩便紅著臉飛快地跑走了。他經歷過這個事之後心裡覺得挺有趣的，此類的小樂趣讓他的寫作相當有靈感。試問，如果他對小男孩的「錯誤」不以為然，或者甚至很反感，那麼他怎麼會成為一個有修養且善於捕捉生活細節的好作家呢？美麗的情境猶如一段小提琴獨奏，而只有你善於欣賞它，你才會從中受益。

有的人很會在休息中收集對自己有用的消息，他們會休息更會工作。

羅伯特先生是一家地理雜誌社的專欄作家，他覺得自己的工作是需要走出去觀察的，不應該在屋裡乾坐著，這樣對自己毫無幫助，所以他經常花時間出去旅遊，到各地去感受風土人情，他跟各地的人們交談，從他們那裡獲取有用的訊息，他用心觀察各地的新奇事物，然後用照片和文字把它們記錄下來。在出版工作不景氣的時候，他的專欄仍然是最受歡迎的，他最後成了這家雜誌社的主編，用自己的方式把雜誌救活了。

有時候在欣賞風景的同時抓住自己的工作靈感，不失為一種很好的方法。只要你能在工作中保持一份快樂的心情，通常就能持續更高的效率。在疲倦的時候看看路邊的風景，不僅能放鬆眼睛，更能放鬆心靈，何樂而不為呢？

# 從跌倒的地方爬起來

失敗是成功之母，每個人在實現夢想的路上都會經歷失敗，失敗並不可怕，可怕的是你有沒有在失敗之後再爬起來的決心。在哪裡跌倒就在哪裡爬起來，沿著原來的方向繼續往前走，總有達到目的地的一天。

馬克思說過：「人要學會走路，也要學會摔跤。而且只有經過摔跤，才能學會走路。」有誰在學走路時沒有摔過跤呢？只有不斷地走路，不時地摔跤，最後才終於能不摔跤而疾走飛奔了。走路是如此，創業是如此，所有成功的大企業不正是在各種失敗的基礎上而屹立起來的嗎？

在哪裡跌倒就在哪裡爬起來，說起來似乎沒有什麼困難的，但是真正做到的人卻很少。因為讓自己接受失敗，再次樹立起被打擊的自信心，的確是件困難的事情，但是如果你想成功，你就必須具備在哪裡跌倒就能在哪裡爬起來這樣的勇氣，因為在成功的路上，摔倒是再正常不過的事情。

那是他在一年裡失去的第六份工作。他擁有英語高級檢定證書，第一家公司卻認為他口語不夠順暢；他擁有高深的電腦程式經驗，第二家公司卻嫌他打字速度太慢；第三家他與部門經理不合，主動求去；接連的，第四家，第五家……他暗淡地說：「一次次全是失敗，讓我浪費了一年的時間。」

朋友一直耐心地聆聽，接著說：「講個笑話給你聽吧。一個探險家出發去北極，最後卻到了南極，人們問他為什麼，探險家答：因為我帶的是指南針，所以找不到北極。」他說：「怎麼可能呢，南極的對面不就是北極嗎？

轉個身就可以了。」朋友反問：「那麼失敗的對面，不就是成功嗎？跌倒了不要怕，只要你勇敢地爬起來，總會有成功的一天。」一瞬間，他覺得自己又有了自信，他又開始了自己的求職之路，終於皇天不負有心人，他找到了一家很適合自己的公司，在那裡發展得很好。

這個故事告訴我們，失敗是成功路上不可少的伴侶，如果你沒有勇氣在失敗了之後爬起來，就永遠沒有出頭的一天，當你把失敗當成是一種考驗，在哪裡跌倒就在哪裡爬起來，才是追求成功的人應該具備的。

大部分人在一生中都不會一帆風順，難免會遭受挫折和不幸。但是成功者和失敗者非常重要的一個區別就是，失敗者是摔跤了以後，就害怕再摔，所以就沒有勇氣爬起來；而成功者則會爬起來繼續往前走，因為他們懂得，哪怕是多走一步，也是距離成功更近了。一個暫時失利的人，如果繼續努力，打算贏回來，那麼他今天的失利，就不算是真正失敗。相反的，如果他失去了再次戰鬥的勇氣，那就是真的輸了！

美國百貨大王梅西是一個很好的例子。他於一八八二年生於波士頓，年輕時出過海，後來開了一間小雜貨店，賣些針線，但很快就倒閉了。一年後他另開了一家小雜貨店，仍以失敗告終。

在淘金熱席捲美國時，梅西在加州開了個小飯館，本以為供應淘金客膳食是穩賺不賠的買賣，豈料多數淘金者一無所獲，什麼也買不起，這樣一來，小飯館又倒閉了。回到麻薩諸塞州之後，梅西滿懷信心地做起了布匹服裝生意，可是這一回他不僅是倒閉，簡直是徹底破產，賠了個精光。不死心的梅西又跑到新英格蘭做布匹服裝生意。這一回他時來運轉了，他買賣做得很順利，甚至把生意做到開了連鎖商店。雖然頭一天開張時帳面上才收入十一塊美金，但現在位於曼哈頓中心地區的梅西公司已經成為世界上最大的百貨商店之一。

梅西沒有因為自己的幾次失敗就失去信心去做買賣了，相反地，他一直在努力嘗試做買賣，失敗了再來，跌倒了再爬起來，即使破產了，也沒有動搖他的決心，最終他成功了，成了美國的百貨大王。有句古話叫：「天將降大任於斯人也，必先苦其心志，勞其筋骨，餓其體膚。」這就是說成功的人必定要經過一些波折，只有百折不撓的人，最終才能嘗到最甜美的果實。

人不能因為一次錯誤而悔恨一輩子，從哪裡跌倒就從哪裡爬起來，爬起來就要站的更好，永遠不再跌倒，這才是一個真正的勝利人士。

# 心有他人天地寬

三國時期，諸葛亮死後，蜀國由蔣琬主持朝政，有個叫楊敏的官吏，背後指責蔣琬「辦事糊塗，比不上諸葛亮」。有人把此話傳給蔣琬，要求治楊敏的罪。但蔣琬說：「我確實不如前任，楊敏沒有錯。」後來楊敏因事被捕入獄，有人猜他這次活不成了，但蔣琬不計前嫌，秉公處理，免除了楊敏的重罪，蔣琬為人正直，氣量寬宏，人們稱讚他「宰相肚裡能撐船」。他的行為不正是心有他人天地寬嗎？

老師發現一位學生上課時時常低著頭偷偷塗鴉，有一次他走過去拿起學生的畫，發現畫中的人物正是齜牙咧嘴的自己。如果這時老師對學生的惡作劇大發雷霆然後狠狠地批評他，試想結果會怎樣？

但老師沒有發火，只是憨憨地笑道，要學生下課後再加加工，好畫得更神似些。自此以後，那位學生上課時再也不偷畫畫，各門課都學得不錯，後來他成為頗有造詣的漫畫家。讀完這則小故事，你有何感想？

現實生活中，有許多事情，當你打算用憤恨去解決時，不妨用寬容去試一下，或許它能幫你實現目標，解決矛盾，化干戈為玉帛。生活中不曾寬容別人的人，是不配得到別人寬容的。但我們也不能一味地把退讓、遷就也當作是一種寬容，當作是與人相處的最好方法。

哲人說過一番耐人尋味的話：天空收容每一片雲彩，不論美醜，故天空廣闊無比；高山收容每一塊岩石，不論大小，故高山雄偉壯觀；大海收容每一朵浪花，不論清濁，故大海浩瀚無比。這無疑是對寬容最生動直觀的詮釋。

擁有寬容，我們就可以原諒別人，也能撫慰自己；它會讓我們把愛放在首位，萬不得已時才動用恨當武器；寬容會使我們隨和，把一些人們很看重的事情看得很輕；再大的不快、再激烈的衝突都不會在寬容的心靈裡過夜。每個清晨，我們都會在心靈的滿足和希望中醒來。一旦擁有了寬容的美德，我們一生就將收穫笑容。

「人非聖賢，孰能無過」，現實生活中難免無意間傷害別人或被別人傷害，所以我們要體諒、尊重他人的感受，真誠地賠禮道歉，請求他人原諒；同樣也要真誠接納、理解、原諒他人的過失。

唯寬可以容人，唯厚可以載物。法國十九世紀的文學大師維克多雨果曾說過：「世界上最寬闊的是海洋，比海洋寬闊的是天空，比天空更寬闊的是人的胸懷。」寬容是一種博大的情懷，它能包容人世間的喜怒哀樂；寬容也是一種境界，它能使人生躍上新的台階。

海納百川，有容乃大。寬容是人生難得的佳境，一種需要操練、需要修行才能達到的境界。寬容別人是大度，寬容自己是豁達。寬容看似退縮，卻擴大著我們心靈的延伸。生活中需要有寬容，它的後面是陽光，而嫉恨的後面卻是可怕的陰影。寬容是融洽人際關係的潤滑劑，是強者積極接納生活的樂觀態度。

寬容是一種豁達的風範，對於人生，也許只有擁有一顆寬容的心，才能從容面對自己的人生。寬容也是一種幸福，我們饒恕別人，不但給了別人機會，也取得了別人的信任和尊敬，我們也能夠與他人和睦相處。寬容，是一種看不見的幸福，它能使對方從中吸取教訓，重新審視自己的行為；寬容能使自己遠離煩惱、仇視，體驗到心靈的安寧和滿足。

寬容更是一種財富，擁有寬容，就擁有一顆善良、真誠的心。這是易於擁有的一筆財富，它會在時間推移中慢慢升值，會把精神轉化為物質，它也是一盞綠燈，幫助我們在工作中通行，選擇了寬容，其實是贏得了財富。

正所謂：退一步，海闊天空，忍一時，風平浪靜。對於別人的過失，必要的指責無可厚非，但能以博大的胸懷去寬容別人，就會讓世界變得更精彩，以寬容之心度他人之過，做世上精彩之人。

# 為他人想一想

一對戀人乘坐巴士進入山區，只有他們在中途下車。他們下車後，巴士繼續往前駛，卻在行駛途中，被從高處墜下的一塊大石頭擊中了，將巴士壓得粉碎，所有乘客無一生還。

那對戀人看到這件事說：「如果我們都在那輛巴士就好了。」

一般人都會想說：「還好我們剛剛下車了。」但他們卻說了不同於一般人的話，你認為他們為什麼會這樣說？

答案是：如果他們都留在車上沒有下車，那輛巴士將會因他們沒有下車，而趕在大石墜下前駛過出事地點！你答對了嗎？

在我們生活中，多嘗試以不同的角度來正面思考，以及多找機會去幫助他人，別在不知不覺中一味自私地只為自己活。

有個印度人外出，在火車將要啟動的時候，才急匆匆地踏上車門，不小心一隻腳被車門夾了一下，鞋子掉在車門外。火車啟動後，他立即將另一隻鞋脫下來，扔出窗外。有乘客不解地問他為什麼要這樣做，他說：「如果一個窮人正好從鐵路旁經過，他就可以得到一雙鞋，而不是一隻鞋。」他就是被後人尊稱為「聖雄」的甘地。

在自己遇到損失時不但沒有抱怨，反而為別人著想，甘地的這一舉動，展現了一種精神與品格。一個人生活在社會中，離不開他人，所以不能只為自己著想，而要多為別人著想。然而，在現實生活中我們常看到，有的人只想著個人利益，不僅不願為別人著想，反而為了一己利益而損害別人的利益。在報紙上經常可以看到這樣的事：有人騎車到街上買食用油回家，不小心摔倒，油瓶破了，地上灑了一攤油。本來他應當立即想辦法把油污處理好，但他卻是懊惱地坐在路旁，任其他路過的人在那灘油污上滑倒。如此缺少為他人著想的意識，令人搖頭！

影響別人最好的方法就是想到別人的需要，然後熱情地幫助他們，並滿足他們的需要。美國汽車大王福特說過：「如果有什麼成功祕訣的話，就是設身處地為別人著想，瞭解別人的觀點和態度。」因為這樣不但能得到你與對方溝通的機會，更能清楚地了解對方的思想與確切需求，這樣才能瞄準目標，擊中「要害」，從而使你的說服力大大提高。

有對作家夫婦相當樂善好施，常常匿名捐款給慈善機構。這次太太將最近一本書的稿費約三十萬元，全數捐給「世界展望會」，希望可以幫助在天災中流離失所的人們。有朋友笑他們總是匿名捐款，捐的再多，也不像很多企業捐款一樣能博得名氣，太太聽到了只是淡然一笑，表示這對她來說根本不重要，重要的是她去做一個自己願意成為的人，做了自己想做的公益事業，在這個過程中她感覺很快樂。

「其實有時候慈善體現在一些點滴小事裡，你做了，就會在幫助別人的同時讓自己也很快樂。」夫妻倆都是同情心很強的人，看到家裡遭遇困難的人們、寒風中乞討的老人，他們總會盡自己的一份力量去幫助，「當我們夫婦倆從報紙上看到一些悲情故事時，就會忍不住想幫別人一把。」

在能力所及的範圍內能幫就幫，這也是對自己生活的提升，因為我們往往能從這些幫助中感到快樂，也能為自己的子女樹立一個慈善的好榜樣。

有次，這位作家在機場遇到一位素未謀面的韓國女士，這位女士表示自己走錯了機場，身上又沒有多餘的錢，希望向他借五百塊錢。「我就給了她五百塊錢，結果身邊的人都說這人肯定不會還你的，她只是在機場上遇到的一個陌生人。」針對此事，該作家特別在網路上發起了一個小小的調查《如果你遇到這種情況，你是否會把錢借給她》，結果很多人都留言表示會把錢借出去，首先應該對對方抱有一顆信任的善待之心，即使她不會還錢，至少在當時你善待了她，也就善待了自己。「後來這位韓國人過了兩個星期後，把五百塊錢按照地址寄回來了。」說到這裡時，作家顯得很快樂。也許很多時候，生活中並不存在那麼多虛假，有的只是人們的揣測。用一顆善良的心去對待別人，對方也會以真誠相報。

「我認為現在的一些年輕人應該把幫助別人看成是一種需要，不僅是別人需要幫助，而應該從另一方面看，我需要幫助別人。我總是說一個自私的人更應該去幫助別人，因為自私的人很看重自己的感覺，我希望能夠成為一個讓自己尊重的人，那麼這個過程其實就是給自己帶來很多快樂和感悟的事情。」作家認真地說道。

送人玫瑰，手留餘香。替他人著想，幫助他人，可以給別人帶來快樂，更會給自己帶來快樂。

培育文化 人與人 60

# 自信的勇氣

編著　沈依潔
責任編輯　廖美秀
內文排版　王國卿
封面設計　斐類設計

出版者　培育文化事業有限公司
信箱　yungjiuh@ms45.hinet.net
地址　新北市汐止區大同路3段194號9樓之1
電話　（02）8647-3663
傳真　（02）8674-3660
劃撥帳號　18669219
CVS代理　美璟文化有限公司
TEL／(02)27239968
FAX／(02)27239668

總經銷：永續圖書有限公司

永續圖書線上購物網
www.foreverbooks.com.tw

法律顧問　方圓法律事務所　涂成樞律師
出版日期　2015年8月

國家圖書館出版品預行編目資料

自信的勇氣 / 沈依潔編著. -- 初版.
-- 新北市 : 培育文化, 民104.08
面 ;　公分. -- (人與人 ; 60)
ISBN 978-986-5862-63-3(平裝)
177.2　　104010991

版權所有，任何形式之翻印，均屬侵權行為
Printed in Taiwan, 2015 All Rights Reserved

※為保障您的權益，每一項資料請務必確實填寫，謝謝！

| 姓名 | | 性別 | □男　□女 |
|---|---|---|---|
| 生日 | 年　月　日 | 年齡 | |
| 住宅地址 | 郵遞區號□□□ | | |
| 行動電話 | | E-mail | |

學歷

□國小　□國中　□高中、高職　□專科、大學以上　□其他＿＿＿＿

職業

□學生　□軍　□公　□教　□工　□商　□金融業
□資訊業　□服務業　□傳播業　□出版業　□自由業　□其他＿＿＿＿

謝謝您購買＿自信的勇氣＿與我們一起分享讀完本書後的心得。務必留下您的基本資料及電子信箱，使用我們準備的免郵回函寄回，我們每月將抽出一百名回函讀者，寄出精美禮物以及享有生日當月購書優惠！想知道更多更即時的消息，歡迎加入"永續圖書粉絲團"

您也可以使用以下傳真電話或是掃描圖檔寄回本公司電子信箱，謝謝！

傳真電話：（02）8647-3660　電子信箱：yungjiuh@ms45.hinet.net

●請針對下列各項目為本書打分數，由高至低5～1分。

| 項目 | 5 4 3 2 1 | 項目 | 5 4 3 2 1 |
|---|---|---|---|
| 1. 內容題材 | □□□□□ | 2. 編排設計 | □□□□□ |
| 3. 封面設計 | □□□□□ | 4. 文字品質 | □□□□□ |
| 5. 圖片品質 | □□□□□ | 6. 裝訂印刷 | □□□□□ |

●您購買此書的地點及店名＿＿＿＿＿＿＿＿

●您為何會購買本書？

□被文案吸引　□喜歡封面設計　□親友推薦　□喜歡作者
□網站介紹　□其他＿＿＿＿＿＿＿＿

●您認為什麼因素會影響您購買書籍的慾望？

□價格，並且合理定價是＿＿＿＿　□內容文字有足夠吸引力
□作者的知名度　□是否為暢銷書籍　□封面設計、插、漫畫

●請寫下您對編輯部的期望及建議：

★請沿此線剪下傳真、掃描或寄回，謝謝您寶貴的建議！

2 2 1 - 0 3

新北市汐止區大同路三段194號9樓之1

傳真電話：（02）8647-3660

E-mail：yungjiuh@ms45.hinet.net

| 廣 告 回 信 |
| --- |
| 基隆郵局登記證 |
| 基隆廣字第200132號 |

# 培育

文化事業有限公司

讀者專用回函

自信的勇氣

培養文化育智心靈的好選擇